# 1週間分作りおき！
## フリージング幼児食
1歳半〜5歳

監修：管理栄養士 川口由美子
料理：ほりえさちこ

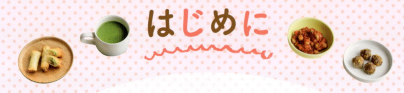

# はじめに

離乳食が終わったら、どうしたらいいの？
という親御さんも多いのではないでしょうか。
幼児食になり、いろいろなものが食べられるようになると
ちょっとラクになると思われるかもしれませんが、
じつは大切なのは、離乳食よりも幼児食だと
私はつねに言っております。
なぜなら、食事の量や回数も増えてくるからです。

また、幼児期からは、いろいろな知恵や記憶が伴ってきます。
「この味はお母さんの味」「これはぼくの好きな味」など、
食事に関する知恵が出てきますので、
ときに離乳食よりやっかいなこともあります。

でも、こんなときだからこそ、
親御さんは、ちょっとだけ頑張って、
お子さんと向かい合うチャンス！

いそがしくて時間がとれない方は、
ぜひフリージングを上手に活用してみてください。
時間のかかる料理もまとめて作って保存することができ、
ふだんは余裕ができたぶん、お子さんと
ゆったり向き合って食卓を囲むことができます。

どうか楽しい食事タイムをお過ごしください！

管理栄養士　川口由美子

# この本の使い方

本書では、幼児食を1歳半〜2歳代と3歳代〜5歳代のふたつの時期に分け、1週間分の夕ごはんストックと、それを使った1週間の献立プランを紹介しています。

**1週間分のフリージングストック**
前期（1歳半〜2歳）は5品、後期（3〜5歳）は6品をストックします。

**色分けで料理の役割がわかる**
料理名のあとの●印の色で、その料理の役割がわかります。全色そろうように組み合わせると、バランスのよい献立になります。

- ● = 主菜
- ● = 副菜
- ● = 主食
- ● = 汁物

**おいしいまま冷凍保存＆解凍**
おすすめの冷凍保存方法を紹介しています。加熱解凍時間はここでチェックしてください。

**ストックを使った1週間の献立プラン**
ストックおかず（前期は5品、後期は6品）を使って、1週間の献立に展開します。

**さっと作れる副菜レシピも！**
ストックおかずを加熱解凍している間に作れるような、簡単な副菜おかずも紹介しています。

**組み合わせ自在な単品レシピ**
時期別に主菜、副菜、主食、汁物の単品レシピを紹介しています。ここから主菜2〜3品、副菜と汁物2〜3品を選んでストックし、自由に献立プランを作ることもできます。

**お助けメニューも満載！**
ストックおかずを使ったおべんとうアイデアや、1皿で主食と主菜、副菜をかねたメニューも紹介しています。

1週間分作りおき!
フリージング**幼児食**

# CONTETNS

6　幼児の栄養と献立の立て方
10　年齢別・幼児期に
　　気をつけたい食品リスト

## part 1
### フリージングの基本

14　フリージングの**基本とコツ**
17　基本の**フリージングストック**
18　フリージングの
　　**保存容器&便利グッズ**
20　電子レンジで上手に**解凍するコツ**
22　フリージングに
　　向く食材・向かない食材リスト

## part 2
### 1歳半〜2歳の フリージング幼児食

26　1歳半〜2歳の**成長と栄養**

**Case 1**
28　1週間分の夕ごはんストック
31　1週間の献立プラン

**Case 2**
36　1週間分の夕ごはんストック
39　1週間の献立プラン

**Case 3**
44　1週間分の夕ごはんストック
47　1週間の献立プラン

52　肉や魚のメインおかず
58　野菜・豆・海藻のプチおかず
64　ごはん・めん・パンのメニュー
68　汁・スープのメニュー

## part 4
### いざというときの お助けレシピ

- 116 おべんとうアイデア
- 120 ワンプレートメニュー
- 124 食材&時期別メニューさくいん

> **Column** 川口先生に聞く！
> **幼児食のQ&A**
> - 72 1歳半〜2歳の場合
> - 114 3歳〜5歳の場合

## part 3
### 3歳〜5歳の フリージング幼児食

- 76 3歳〜5歳の成長と栄養

**Case 1**
- 78 1週間分の夕ごはんストック
- 81 1週間の献立プラン

**Case 2**
- 86 1週間分の夕ごはんストック
- 89 1週間の献立プラン

- 94 肉や魚のメインおかず
- 100 野菜・豆・海藻のプチおかず
- 106 ごはん・めん・パンのメニュー
- 110 汁・スープのメニュー

---

- 塩は精製塩、砂糖は上白糖、小麦粉は薄力粉です。しょうゆ、みそは特記のない場合は、濃口しょうゆと好みのみそのことです。商品によって塩分が異なるので、量は加減してください。
- 卵はLサイズ(60g)を使用しています。
- とろみづけには、冷凍・解凍後にもとろみが残るコーンスターチを使用しています。
- 表示している計量スプーンの小さじ1は5㎖、大さじ1は15㎖です。米は1合＝180㎖です。少々とは、小さじ⅛より少量の0.4〜0.6gです。
- フライパンはフッ素樹脂加工のものを使用しています。
- 電子レンジの加熱時間は600Wで使用した場合の目安です。500Wの場合は、約1.2倍にしてください。機種によって加熱具合が異なる場合があります。
- オーブントースターは1000Wで使用した場合の目安です。機種によって加熱具合が異なります。表記の時間を目安に、ようすを見ながら調整してください。

# 幼児の栄養と献立の立て方

幼児食とは、離乳食を卒業したあと、
大人と同じようなものを食べられるようになるまでの間の食事のことです。
味覚が敏感で消化能力が未発達な子どもにあわせて
味つけや食感を調整しつつ、さまざまな食の体験を積み重ねていきましょう。
まずは、幼児食の基本的な考え方をご紹介します。

## 幼児の食事で気をつけたい 3つのポイント

離乳食を卒業したら、次にあげる3つのポイントに気をつけながら幼児食をすすめていきましょう。

### point 1　味つけはうす味に

幼児期は、いろいろな食品や味を体験させ、味覚の幅を広げてあげる時期。はじめから濃い味に慣れてしまうと、素材の風味やうまみを感じにくくなってしまいます。濃い味ばかり好んで食べるようになり、将来的に生活習慣病になってしまう危険性も。また、体の成長もまだ不完全なため、塩分や脂肪のとりすぎは内臓に負担をかけてしまいます。幼児食はうす味に仕上げましょう。

### point 2　食事の時間をきちんと決めて守る

1日3回の食事の時間をきちんと決めると、朝起きる時間や夜寝る時間、おやつを食べる分量なども自然にととのい、生活のリズムが安定します。おいしく食べて、元気に動き、よく眠ることは、健やかな成長には大切なこと。食事の時間は、規則正しい生活をつくるカギです。

### point 3　いっしょに食べて楽しい時間に

食事は毎日のことで、一生のこと。幼児期に「食事＝楽しい」と感じて育った子どもの一生は豊かになります。栄養バランスのとれた食事をとることも大事ですが、それより何より、親子で楽しく食卓を囲みましょう。大人がおいしそうに食べるようすを見せるだけで、子どもの食への意欲は高まります。話しながら、笑い合いながら食べることで「食事＝楽しい」という気持ちが定着します。嫌いなものを無理に食べさせる必要はありません。楽しく食べることを優先させ、苦手なものは食べやすく工夫してあげることも大切です。

もぐもぐおいしい！

## 幼児期に必要な栄養について

栄養については難しく考えなくてOK。次の3つのグループをバランスよくとることを考えていれば十分です。

### group 1 体を動かすエネルギーになる
### 炭水化物

体を動かすためのエネルギーになる栄養素で、ごはん、パン、めん類、いも類などに多く含まれています。

**Attention**

炭水化物は、体だけでなく、脳の働きも支えています。脳が一日に消費するエネルギーは、大人の場合は全エネルギーの20％ですが、乳幼児ではなんと50％。大人はどちらかというと、炭水化物控えめでそのぶん野菜や肉をしっかり、という食生活が推奨されますが、幼児にはこれは当てはまりません。脳の活動と成長を支えるため、子どもにはきちんと炭水化物をとらせることが必要です。

### group 3 体の機能や調子をととのえる
### ビタミン・ミネラル

体の機能がうまくはたらくように調整をする栄養素がビタミンやミネラルです。野菜や海藻類に多く含まれています。ひと口にビタミン・ミネラルといっても種類はさまざまで、種類ごとにそのはたらきが異なります。できるだけいろいろな野菜を食べて、さまざまなビタミン・ミネラルをとるようにしましょう。

**Attention**

苦手な野菜があっても、無理に食べさせる必要はありません。子どもには苦味や酸味のあるものを避けようとする本能があります。苦味のあるピーマンや葉野菜を嫌いな子が多いのは、そのため。食べられる野菜からはじめて、調理法を変えるなどして、じょじょに食べられる野菜を増やしていきましょう。

### group 2 筋肉や体の組織をつくる
### たんぱく質

筋肉や皮膚、内臓、髪の毛、骨など、体をつくる材料となる栄養素。肉や魚、卵、豆類などに多く含まれています。たんぱく質にはいろいろな種類があり、食品によって含まれている種類が異なります。できるだけ偏らず、いろいろな食品からとるように心がけましょう。

**Attention**

動物性食品はすぐれたたんぱく質源ですが、とりすぎると肥満につながります。豆腐や納豆など、植物性のたんぱく質もうまく取り入れましょう。

# 献立の立て方

幼児食の献立の基本は「一汁二菜」。
つまり、主食、主菜、副菜、汁物がそろった食事です。
主食、主菜、副菜の量の割合は、献立全体を1として、
主食½、主菜¼、副菜¼を目安に考えましょう。
ここでは、簡単に献立を立てるための
コツをまとめました。

## 1 主菜を決める

肉や魚、卵や豆腐など、たんぱく質を中心としたおかずが「主菜」。メインのおかずです。献立を考えるときは、まず主菜を決めると組み立てやすくなります。
主菜が肉や魚のおかずなら、副菜には必ず野菜おかずを組み合わせましょう。反対に、豆腐がメインのおかずなら、副菜に卵や小魚を使ったおかずを組み合わせて、たんぱく質をプラスしてもよいでしょう。

本書では、主菜となるおかずに●印がついています。また「肉や魚のメインおかず（P.52〜57、94〜99）」でも主菜となるおかずを紹介していますので、参考にしてください。

## 2 副菜を1〜2品つける

ビタミンやミネラルをしっかりとれる、野菜を使ったおかずが「副菜」。副菜を1〜2品組み合わせましょう。主菜に野菜が多く入っているようなメニューなら副菜は1品でも構いませんが、野菜はとりすぎを心配しなくてよいので、積極的に献立に取り入れたいものです。
野菜をやわらかく煮たメニューだけでなく、シャキシャキとした食感を楽しめるメニューも組み合わせ、いろいろな食感や味を体験させてあげましょう。また、汁物をうまく組み合わせると、無理なく野菜をとることができます。

本書では、副菜となるおかずに●印、汁物に●印がついています。また「野菜・豆・海藻のプチおかず（P.58〜63、P.100〜105）」、「汁・スープのメニュー（P.68〜71、P.110〜113）」でも副菜となるおかずと汁物を紹介していますので、参考にしてください。

## 3 主食をしっかりとる

ごはんやパン、うどんやスパゲッティなどが「主食」。毎食しっかりとりましょう。

本書では、主食に●印がついています。また「ごはん・めん・パンのメニュー（P.64〜67、P.106〜109）」でも主食メニューを紹介していますので、参考にしてください。

あーん、ぱくっ！

## 献立例 1

### 主菜
肉（牛肉）を使ったメインとなるおかず。主菜でたんぱく質をしっかりとります。

### 副菜
野菜のおかずを2品。1品が油で炒めたメニューなら、もう1品は油を使わないゆで野菜にするなど、調理法から組み合わせを考えてもよいでしょう。

### 主食
炭水化物を含む主食をしっかりとりましょう。

## 献立例 2

### 主菜
肉や魚に野菜をたっぷり組み合わせたメニューにすると、副菜は1品でもOK。

### 副菜
みそ汁やスープは、野菜を無理なくとることができるので、野菜の副菜に困ったときにおすすめです。

### 主食
ごはんに限らず、主菜に合わせてうどんやそうめんなどのめん類にしても。変化をつけると食への興味もわきやすくなります。

## 献立例 3

### 主菜 ＋ 主食
主菜となる魚のおかずを、主食のごはんに混ぜるアレンジも。肉と魚をバランスよく主菜に登場させるとよいでしょう。

### 副菜
主菜のボリュームが心配なときは、副菜に卵や大豆などを加えれば、たんぱく質を補うことができます。

# たい食品リスト

いか迷ったときの参考にしてください。

○ … 食べさせても問題がない食品
△ … 注意が必要な食品
× … 避けたほうがよい食品

1歳半〜2歳 / 3歳〜5歳

## エネルギー源食品

| | | 1歳半〜2歳 | 3歳〜5歳 | |
|---|---|---|---|---|
| | 玄米 | × | △ | 白米に比べて消化吸収率が悪いので、3歳ごろからに。やわらかめに炊いてあげましょう。 |
| | 赤飯・おこわ | △ | ○ | もちもちとして、かむのに力がいるので、奥歯が生えてからに。 |
| | もち | × | △ | のどに詰まらせる心配があるので、3歳ごろからに。食べさせるときは、小さくちぎってあげましょう。 |
| | 胚芽米(胚芽入りパン) | △ | ○ | 消化が悪いので、1歳半ごろは、ごく少量を食べさせる程度に。 |
| | ベーグル | × | △ | もっちりとした食感で、かむのに力がいるので、かみ合わせがしっかりしてからに。 |
| | コーンフレーク | ○ | ○ | 無糖のものを選び、牛乳や豆乳でやわらかくすれば、1歳から食べさせてOK。 |
| | そば | △ | ○ | 食物アレルギーの出る可能性があるので、ようすを見ながらあげましょう。 |
| | ビーフン | ○ | ○ | 米粉から作られるめんなので、1歳から食べさせてもよい食品。湯でやわらかく戻して、食べやすい長さに切ってあげましょう。 |
| | 春雨 | ○ | ○ | ツルツルと丸飲みになりやすいので、食べやすい長さに切ってあげましょう。 |
| | 干しいも | △ | ○ | かみごたえがあるので、奥歯が生えてきてからに。 |
| | 山いも | ○ | ○ | 生をすりおろしたものは、口のまわりにつくと、かゆくなる子どもも。生は避け、加熱したものを食べさせましょう。 |

## たんぱく質源食品

| | | 1歳半〜2歳 | 3歳〜5歳 | |
|---|---|---|---|---|
| 魚 | ひもの | △ | △ | 塩分が多いので、積極的に食べさせなくてもOK。 |
| | 刺身 | △ | △ | 鮮度のよい、やわらかいものなら2歳ごろから食べさせてもOK。 |
| | いか・たこ | ○ | ○ | かみきりにくいので、奥歯が生えて、しっかりかめるようになってからに。食べやすいように、包丁で細かい切り目を入れてあげるとよいでしょう。 |
| | たらこ・いくら | △ | △ | 塩分が多いので、食べさせるならごく少量に。分量をコントロールしにくいなら、与えないほうがよいでしょう。 |
| | あさり | ○ | ○ | かみきりにくいので、1歳代では小さく刻んであげましょう。 |
| | ほたて | ○ | ○ | 2歳までは、生食は避けたほうがよいでしょう。 |
| | かまぼこ | △ | ○ | 弾力があるので、2歳ごろからに。塩分が強いので、分量に気をつけて(薄切り1枚程度に)。 |
| 肉 | ハム・ソーセージ | ○ | ○ | 塩分や添加物の少ないものを選びましょう。 |
| | ベーコン | △ | ○ | 塩分は多いが、うまみが出るので、少量をスープや炒め物に使うのは1歳からOK。 |
| 卵 | 生卵 | × | △ | 細菌感染の心配があるので、生で与えるのは避けたほうがよい。与えるなら、3歳以降からに。 |
| 大豆製品 | 油揚げ | △ | ○ | かみきりにくいので、1歳代は小さく刻んであげましょう。 |

## ビタミン・ミネラル源食品

| | | 1歳半〜2歳 | 3歳〜5歳 | |
|---|---|---|---|---|
| 野菜 | 生野菜 | △ | ○ | 野菜の繊維は奥歯がないとすりつぶしにくいので、奥歯がないうちはさっとゆでるなど、食べやすいようにしてあげましょう。 |
| | きのこ類(えのきたけ・エリンギ・しいたけなど) | ○ | ○ | 繊維が多く、かみきりにくいので、小さく切ってあげましょう。 |

10

# 年齢別・幼児期に気をつけ

離乳食のころに比べてぐっと食べられるものは増えますが、まだまだ注意したい食品も。食べさせてい

1歳半〜2歳 / 3歳〜5歳

| ビタミン・ミネラル源食品 | | 1歳半〜2歳 | 3歳〜5歳 | |
|---|---|---|---|---|
| 野菜 | ミニトマト | ○ | ○ | 丸飲みをしてのどに詰まらせることもあるので、小さく切ってあげましょう。皮が口に残って食べにくそうなら、皮は湯むきしましょう。 |
| | たけのこ | △ | ○ | 繊維が多いので、2歳以降からに。やわらかい部位を食べやすいように刻んであげましょう。 |
| | しょうが | △ | △ | 刺激が強いので1歳代は避けたほうがよいでしょう。少量であれば、料理の風味づけに使ってもOK。 |
| | にんにく | △ | △ | 刺激が強いので1歳代は避けたほうがよいでしょう。2歳以降は、料理の香りや風味づけに使ってもOK。 |
| | こんにゃく・しらたき | △ | ○ | 弾力があるので、かまずに飲み込んでしまうことも。奥歯が生えてからにし、食べやすいように小さく（短く）切ってあげましょう。 |
| | 切り干し大根 | △ | ○ | 1歳代はやわらかく煮て、細かく刻んであげましょう。しっかりかめるようになれば、ミネラル補給に積極的に食べさせたい食品。 |
| | 漬け物 | △ | △ | 塩分が多いので、積極的に与える必要はありません。食べさせるなら、少量にしましょう。 |
| 海藻類 | 味つけのり | △ | △ | 塩分が多いので、積極的に与える必要はありません。食べさせるときは、上あごにくっつかないように、小さくちぎってあげましょう。 |
| | わかめ | ○ | ○ | かまずに飲み込み、気管をふさぐ恐れがあるので、必ず小さく刻んであげましょう。 |
| | ひじき | ○ | ○ | やわらかく戻し、食べやすい長さに刻んであげて。芽ひじきよりも長ひじきのほうが、やわらかくておすすめ。食物繊維、ミネラルが豊富なので積極的に食べさせたい食品。 |
| 果物・種実類 | バナナ・りんご・いちごなど | ○ | ○ | 食べさせてもよいが、食事を食べなくなる恐れがあるので、与えるタイミングや量に気をつけます。 |
| | フルーツ（缶詰） | △ | △ | 糖分が多いので、なるべく避けたほうがよいでしょう。 |
| | アボカド | ○ | ○ | 脂肪分が多いので、食べさせるなら少量に。 |
| | ピーナッツ | △ | △ | かみにくく、のどに詰まらせる心配もあるので、3歳ごろまでは刻んだり、すりつぶしたりしてあげましょう。 |

| 調味料 | | | | |
|---|---|---|---|---|
| | 塩 | ○ | ○ | 味つけはうす味が基本。塩分は控えめを心がけましょう。 |
| | こしょう | △ | △ | 刺激が強くならないように、使うときは少量に。 |
| | しょうゆ | ○ | ○ | 味が濃く、塩分が多くならないように、風味づけ程度に少量におさえて。大豆アレルギーがある場合には注意。 |
| | ソース | ○ | ○ | 塩分が多く、味も濃いので、使うときは少量に。 |
| | トマトケチャップ | ○ | ○ | 塩分が多く、味も濃いので、使うときは少量に。 |
| | マヨネーズ | ○ | ○ | 原料に卵が使われているので、1歳代までは加熱して使用するほうが安全。 |
| | みそ | ○ | ○ | 味が濃く、塩分が多くならないように、風味づけ程度に少量におさえて。 |
| | みりん・酒 | ○ | ○ | アルコール分が含まれているので、必ず加熱し、アルコール分をとばしましょう。 |
| | オイスターソース | ○ | ○ | 塩分が多く、味も濃いので、使うときは少量に。 |
| | カレー粉 | ○ | ○ | 刺激が強くならないように、使うときは少量に。 |
| | 酢 | ○ | ○ | 味つけのアクセントに使ってOK。酸味が強くなりすぎないように、分量はおさえて。 |

| | | 1歳半〜2歳 | 3歳〜5歳 | |
|---|---|---|---|---|
| **調味料** | | | | |
| | 練りがらし | × | × | 辛みが強いので、避けたほうがよいでしょう。 |
| | わさび | × | × | 刺激が強いので、避けたほうがよいでしょう。 |
| | 豆板醤・ゆずこしょう | × | × | 刺激が強いので、避けたほうがよいでしょう。 |
| | はちみつ・黒砂糖 | ○ | ○ | 「乳児ボツリヌス症」の心配があるので、1歳未満は絶対にダメですが、1歳半以降は使用してOK。 |
| **外食品** | | | | |
| | 中華まん | △ | △ | 味の濃いものが多いので、食べさせるときは少量に。添加物の入っていないものを選びましょう。 |
| | ハンバーガー | × | △ | 味つけが濃く、高カロリーなので、控えたほうがよいでしょう。食べさせたときは、その日の残りの食事で塩分、カロリーを調整しましょう。 |
| | 鶏のから揚げ | △ | ○ | 油分が多く、味つけも濃いものが多いので、与えるときは衣をはずしてあげるとよいでしょう。 |
| | インスタントラーメン | × | △ | 塩分、油分、添加物が多く含まれているので、避けたほうがよいでしょう。 |
| | うな重 | × | △ | 味つけが濃いので、3歳以降からに。 |
| | すし | △ | ○ | のり巻き、いなりずしは1歳半からでもOK。生の魚のすしは、2歳以降からに。ただし、塩分が多いので、すし飯、しょうゆなどの量に気をつけます。 |
| | フライドポテト | △ | △ | 油分、塩分が多いので、与えるときは少量に。 |
| | 焼きそば | △ | ○ | 味つけが濃いので、与えるときは少量に。めんは、食べやすい長さに切ってあげましょう。 |
| | ピザ | △ | ○ | 味つけが濃いので、与えるときは少量に。かみきりにくい具がのっていたら、小さく切ってあげましょう。 |
| | カレーライス | × | × | 子ども用のものなら1歳半からOKですが、市販のカレーは油分が多く、味つけも濃いので、避けたほうがよいでしょう。 |
| **飲み物** | | | | |
| | コーヒー | × | × | カフェインが含まれているので、幼児期に積極的に飲ませる必要はありません。 |
| | コーヒー牛乳 | × | △ | 市販のコーヒー牛乳は、糖分が多いので、幼児期に積極的に飲ませる必要はありません。 |
| | ココア | × | △ | 子ども用でも、カフェインに似た成分が含まれているため、飲ませるのであれば、3歳以降から少量を。 |
| | 乳酸菌飲料 | × | △ | 糖分、脂肪分が多いので、幼児期に積極的に飲ませる必要はありません。カルシウム補給なら牛乳がおすすめ。 |
| | 飲むヨーグルト | × | △ | 糖分が多く、満腹感を感じやすいので、積極的に飲ませる必要はありません。飲ませるのであれば、3歳以降から少量を。 |
| | シェイク | × | △ | 糖分、脂肪分が多いので、幼児期に積極的に飲ませる必要はありません。 |
| | 緑茶・紅茶・ウーロン茶 | △ | △ | カフェインを含みます。水で薄めたものなら、1歳半ごろから飲ませてもOK。 |
| | 炭酸飲料 | × | × | 糖分が多く、満腹感を感じやすいので、積極的に飲ませる必要はありません。 |
| | 栄養ドリンク | × | × | 刺激が強いので、幼児期に飲ませる必要はありません。 |
| **嗜好品** | | | | |
| | 菓子パン | △ | △ | 糖分、油分が多いので、与えるときは少量に。食事の主食の代わりにはしないように。 |
| | ホットケーキミックス | ○ | ○ | 小麦粉、卵などが含まれているので、アレルギーのある場合は注意。 |
| | チョコレート | × | △ | 糖分が多く、満腹感を感じやすいので、できるだけ避けたほうがよいでしょう。 |
| | 生クリーム | △ | △ | 油分、糖分が多いので、与えるときは少量に。 |
| | スナック菓子 | △ | △ | 塩分、油分が多いので、与えるときは少量に。 |
| | グミ・キャンディ | × | △ | 糖分が多く、満腹感を感じやすいので、できるだけ避けたほうがよいでしょう。のどに詰まらせる恐れもあるので注意。 |

# Part 1

## フリージングの基本

「毎日のごはん作りがスムーズにできたらいいのに」
「子どもには待たせることなく食べさせたい」
そんな希望をかなえるのが、フリージング幼児食。
おいしさを損なわない冷凍保存方法や加熱解凍のコツをおさえれば、
ごはん作りにかかる時間を上手にやりくりできます。

# フリージングの基本とコツ

時間があるときに、おかずをまとめて作ってフリージングしておけば、
日々のごはん作りは、とてもラクになります。
食品をフリージングするメリットや、
おいしいままフリージングするコツをしっかりおさえておきましょう。

## ＼コツ／ 1 急速冷凍でおいしさキープ！

食品のおいしさを逃さないように冷凍するには、食品内の水分をできるだけ膨張させずに凍らせ、細胞を壊さないようにすること。凍るスピードが速いほど氷の結晶は小さくなるので、急速に冷凍するのがコツです。急速冷凍するための3つのポイントを覚えておきましょう。

### Point しっかり冷ます

食品はしっかり冷ましてから冷凍庫に入れると、冷気が伝わりやすく、早く冷凍することができる。また、小分け容器に移し替えると、より早く冷ますことができる。冷ましているうちに容器のふちについた水滴は、そのまま冷凍すると解凍したときに余分な水分になり、味がぼやける原因に。冷凍する前によくふき取ろう。

### Point 冷気を伝わりやすくする

冷凍庫の冷気を伝わりやすくするために、できるだけ平らにするのもコツ。ステンレス製のトレーなどにのせれば、さらに早く冷凍することができる。

### Point 冷凍庫の容量を守る

冷凍庫の機能を正しくはたらかせるためには、冷凍庫の容量を守ることも大切。容量オーバーは、庫内の温度を上げてしまう原因になるので、食べ忘れている食品がないか、冷凍庫の環境をととのえるためにも定期的に庫内をチェックしよう。

## ＼基本／ 1 新鮮なうちに冷凍するとおいしい！

どんなに新鮮な肉も野菜も、日が経つにつれて味が落ち、栄養価も下がります。これは、食材に含まれる酵素や微生物などの分解作用によるもの。そこでおすすめなのが、新鮮なうちに冷凍しておくこと。家庭の冷凍庫は－20℃前後に設定されており、この温度では酵素や腐敗菌などの微生物の多くがはたらくことができません。食材によって、生のまま冷凍できるもの、加熱調理すれば冷凍できるもの、冷凍には向かないものがありますが（P.22～24参照）、冷蔵庫で保存するよりも、冷凍したほうが鮮度を保つことができるのです。

## ＼基本／ 2 調理をしてからの冷凍で食感や味の劣化が防げる！

冷凍にはデメリットもあります。食材を冷凍すると、食材内の水分が凍って膨張し、少なからず細胞組織が壊れてしまいます。また、冷凍した食材を解凍すると、本来なら食材内にあった水分が流れ出てしまい、繊維が際立ち食感が悪くなります。水分と一緒にうまみや栄養が流れ出して、味が落ちることも。水分や繊維が多い食材が冷凍に向かないというのはこのためですが、冷凍する前に加熱調理して食材内の水分をとばしたり、繊維を断ち切ってから調理することで、冷凍・解凍による食感や味の劣化を防ぐことができます。

### Point ムレが心配なおかずの場合

フライなどムレさせたくないおかずは、ゆとりのある容器に入れるとよい。

### Point 汁けがないおかずの場合

まとめて冷凍保存袋に入れ、食べる分ずつ取り出して解凍する。

### Point 汁けのあるおかずの場合

1食分ずつ密封できる保存容器に入れて冷凍するか、冷凍用保存袋に入れてステンレス製のトレーにのせて冷凍してもOK。保存袋の場合は、凍ってしまえば立ててストックできるので、容器より場所をとらない。

## コツ 2 使いやすい分量で冷凍する

おかずを冷凍するときは、使いやすい分量や1回に食べる分量に小分けしておきましょう。小分けの際は、解凍のしやすさを考えて、容器や方法を選ぶこともポイントです。

### Point くっつく心配があるおかずの場合

たれやソースをからめたようなおかずは、まとめて袋に入れるとくっついてしまうので、1回分ずつラップに包んでから冷凍用保存袋入れる。

### Point トースターで焼くおかずの場合

レンジにもトースターにもかけられる耐熱ガラス性の保存容器は、仕上げにトースターで焼くようなおかずを保存するのに便利。耐熱ガラス性の保存容器がなければ、レンジで解凍したのち、耐熱皿に移してトースターにかける。

## コツ 5 解凍したものは再冷凍しない！

一度冷凍し、解凍したごはんやおかずを、再び冷凍するのはよくありません。家庭用の冷凍庫で冷凍した食品は、少なからず食品の組織が壊されているので、再冷凍することによって2段階に組織が壊れてしまい、味が落ちてしまいます。

## コツ 3 においうつりを防ぐ！

いろいろな食品を保存している冷凍庫内には、特有のにおいがあります。においうつりを防ぐには、それぞれの食品をきちんと密封すること。とくににおいを吸収しやすいパンなどの食品は、ラップに包んだあと、冷凍用保存袋に入れて冷凍しましょう。一度においがついてしまうと、解凍してもとれないので気をつけて。

乾燥を防ぐためにも、パンはラップでぴったり包もう。

## コツ 6 2週間以内に食べきって

冷凍しておけば、いつまででも食べられるというわけではありません。冷凍庫の開け閉めで庫内の温度が上下すると、凍ったはずの食品がとけたり凍ったりして、味の劣化がすすみます。また、油が空気に触れることで酸化し、油やけを起こすことも。家庭の冷凍庫での保存は2週間〜1カ月が目安。幼児食の場合は、味や風味が落ちない2週間以内に食べさせてあげましょう。

## コツ 4 メニュー名と日付を書いて冷凍

冷凍すると、何のおかずだったか判断しにくくなるので、メニュー名と日付を書いて冷凍しておきましょう。使う順番を判断しやすく、食べ忘れも防げます。

保存袋に直接書いてもよいが、はがしやすいマスキングテープを使うと、保存容器やラップで包んだものにも貼れておすすめ。

# 基本の
# フリージングストック

本書では、フリージング可能なおかずを142品紹介していますが、ここではごはんやパンなど、基本となる食品のフリージング方法を紹介します。

## ＼ストック／ 4 だし汁

和風だしを作って冷凍しておくと、味の濃さを調節したいときや、食品がパサついて食べにくそうなときなどに、さっと出して使えて便利。製氷皿で凍らせ、凍ったら冷凍用保存袋に入れ替えます。製氷皿の1ブロックの容量はマチマチなので、事前にはかっておいて。

### 和風だしのとり方

**材料**（作りやすい分量・できあがり量 400mℓ）
昆布（4cm四方）1枚、削り節10g、水400mℓ

**1.**
昆布の表面の汚れをふき、両端に切り込みを入れる。鍋に昆布と分量の水を入れて20〜30分おく。

**2.**
弱火にかけ、沸騰したら強火にして削り節を加える。再び煮立ったら火を止める。

**3.**
こし器でこす。

### 少量のだしなら茶こしで！
茶こしに削り節5g（1袋）を入れて熱湯150mℓをそそぐ。5〜10分つけておき、茶こしを上げる。

## ＼ストック／ 1 ごはん（白飯）

ごはんは温かいうちにラップに包み、よく冷ましてから冷凍用保存袋に入れて冷凍します。湯気が冷えてラップに水滴がつきますが、水滴ごと冷凍しておくと解凍したときにふっくら仕上がります。解凍は100gにつき電子レンジで2分〜2分30秒が目安。

## ＼ストック／ 2 パン

パンは1個ずつ（食パンなら1枚ずつ）ラップで包み、冷凍用保存袋に入れて冷凍します。室温に10分ほどおいて自然解凍するか、電子レンジで30秒ほど加熱してからトースターで軽く焼いても。

## ＼ストック／ 3 ゆで野菜

ブロッコリーやアスパラガスなど、フリージングに向く野菜（P.22参照）は、少し固めにゆでて冷凍しておくと便利です。冷凍するときは、ゆでたあとの水けをしっかりきってからに。解凍は1食（20〜30g）あたり、電子レンジで30秒〜1分加熱します。

# フリージングの
# 保存容器&便利グッズ

おかずをフリージングするときの容器について、選び方や容器ごとの特徴をまとめました。また、幼児食作りにあると便利なグッズもご紹介します。

## そろえておきたい冷凍保存グッズ

フリージング用の容器や袋を選ぶときは、耐冷温度が−20℃前後、耐熱温度が140℃前後のレンジ対応のものを選んでください。容器と袋のそれぞれの長所と選び方のポイントは以下のとおりです。

### 冷凍用保存袋

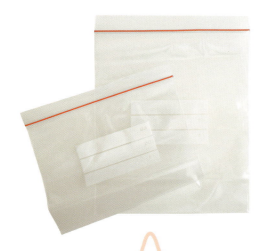

**特徴**
- まとめてフリージングできる
- 冷凍庫で場所をとらない
- 洗いにくい
- 加熱解凍するときに容器が必要

**選ぶときのポイント**
- 密封性の高いジッパー付きのもの
- 保存する分量に適したサイズのもの（20cm四方のものがおすすめ）
- 耐冷温度、耐熱温度を確認する
- 液体を入れてもよいかを確認する

### 保存容器

**特徴**
- 容器のままレンジで加熱解凍できる
- 液体のものを入れやすい
- 油っぽいものを入れたあと、洗いやすい
- 冷凍庫で場所をとる

**選ぶときのポイント**
- 保存する分量に適した大きさのもの（150mℓ前後のものがおすすめ）
- 密封性の高いふた付きのもの
- 透明で中身を確認しやすいもの
- ふたをしたままレンジにかけられるもの
- 使わないときに重ねられるもの

18

## 製氷皿

### 特徴
- 液体のものを凍らせるのに便利
- 少量ずつ使いやすい
- 液体以外のものを凍らせると、取り出しにくい

### 選ぶときのポイント
- 使いやすい容量のもの
  （1個あたり50mℓ入るものがおすすめ）
- ふた付きのもののほうが、こぼれにくく冷凍しやすい

## 耐熱ガラス容器

### 特徴
- レンジ加熱、オーブントースター加熱が可能
  （熱源から4cmほど離す）
- 煮沸消毒できる
- 液体物のフリージングには向かない
  （凍るときに体積が増えるので、割れるおそれがある）

### 選ぶときのポイント
- オーブン対応のもの
- 保存する分量に適した大きさのもの
  （180mℓ前後のものがおすすめ）
- ふた付きのもののほうが保存しやすい

## ラップ

### 特徴
- 分量にあわせて平らに包める
- 汁けの多いものを包むのには向かない
- 空気を通すので、ラップだけでは酸化を防げずにおいも移る。必ず冷凍用保存袋に入れる

### 選ぶときのポイント
- 耐冷温度、耐熱温度を確認する
  （耐熱温度が低いものがあるので注意する）
- 包む量にあわせてサイズを選ぶ
  （少量を包むには、15cm、20cmがおすすめ）

---

# 幼児食作りにあると便利な調理グッズ

## 小さじ½、¼の計量スプーン

5歳まではまだまだうす味を心がけたいもの。とくに気をつけたいのは塩分です。まとめて作ると、つい味つけが濃くなりがち。小さじ½や¼の計量スプーンがあると、小さじ⅛までラクにはかることができます。

## 極細せん切りスライサー

極細のせん切りにできるスライサーは、幼児食作りの強い味方。包丁でせん切りにするよりも野菜の繊維が断ち切りやすいため、食感がやわらかくなります。

## キッチンばさみ

キッチンばさみは器に入ったまま食品を切ることができて便利。子どもが食べにくそうにしていたら、すぐに切ってあげられます。食品用には、ステンレスなどの洗いやすい材質のものがよいでしょう。またカバー付きなら、外出時にも持って行きやすくておすすめです。

# 電子レンジで上手に解凍するコツ

せっかく作ってフリージングしておいたおかず。
解凍の仕方によっておいしさが損なわれてしまっては残念ですよね。
おいしさを逃さず、電子レンジで上手に解凍するためのコツを紹介します。

あともう少しというときは、20～30秒ずつ加熱して、ようすを見る。

## コツ1 加熱は短めに設定

電子レンジは加熱をしすぎると、食品がパサパサになったり、油分で温度が上昇しすぎて容器にこびりついたりします。加熱時間を設定するときは、まずはレシピに書かれた加熱時間の短いほうで設定し、ようすを見ましょう。まだ加熱が足りないときは、20～30秒ずつ加熱し、ようすを見ます。

基本はラップをふんわりかけて加熱する。よりしっとりさせたいときは、水少々をふりかけてから加熱する。

揚げ物など、カラッと仕上げたいときは、ラップはせず、蒸気を逃しながら加熱する。加熱解凍後、耐熱の器に移してオーブントースターで1～2分焼くと、よりおいしく仕上がる。

## コツ2 ラップの有無を使い分ける

加熱するときにラップをするかしないかは、食品の水分を蒸発させたいかどうかで判断します。フライのようなおかずは、ラップをしないほうが蒸気が逃げて、カラリと解凍できます。反対にふっくら仕上げたいときは、解凍する前に水少々をふりかけてからラップをし、加熱するとよいでしょう。

## コツ3 2品一緒に加熱もOK

加熱時間が同じ2品は、一緒に加熱してもOKです。通常は分量が2倍になれば加熱時間も2倍にするものですが、幼児が食べるぐらいの分量なら2倍にはせず、1品分の加熱時間でようすを見てください。

2品同時でも1品分の加熱時間でようすを見よう。

## コツ4 スープなどは途中でようすを見る

スープやシチューなど汁けの多いおかずは、とけてきた汁けのほうに熱が伝わりやすくなってしまい、解凍ムラが起こりやすい特徴があります。解凍するときは、途中で一度取り出して全体をかき混ぜ、とけ出た汁けととけていない部分を混ぜ合わせてから再加熱すると、うまく温められます。

途中で一度かき混ぜると、解凍ムラができない。

## コツ5 内側が熱くなるので気をつける

電子レンジは、食品に含まれる水の分子をマイクロ波で震わせて、その摩擦によって起こる熱で温めているので、食品の内側から熱くなっていきます。子どもがひと口で食べられるサイズのおかずのときは、内側が高温になっていないか、切って確かめてあげましょう。

パクリと食べられるサイズのものは、とくに気をつけて。

# 向かない食材リスト

できるのか、コツをリストにまとめました。フリージングストック作りの参考にしてください。

● 解凍をするときの電子レンジの加熱時間は、食品によっても異なりますが、100 g あたり 2 分を目安に、ようすを見ながら調節してください。

## エネルギー源食品（フリージングに向く食材）

| 米・パン類 | 白飯 | 温かいうちにラップで包み、粗熱をとってから冷凍用保存袋入れて冷凍する。 |
|---|---|---|
| | 玄米ごはん | やわらかめに炊いて、温かいうちにラップで包み、粗熱をとってから冷凍用保存袋入れて冷凍する。 |
| | 食パン | 1 回に食べる分量ずつラップで包み、冷凍用保存袋に入れる。室温に出しておけば、5 分ほどで解凍できる。 |
| | ロールパン | 1 個ずつラップで包み、冷凍用保存袋に入れる。室温に出しておけば、10 分ほどで解凍できる。 |
| めん類 | うどん・そうめん | 食べやすい長さに折り、やわらかくゆでてから調理し、冷凍する。調理前のゆでためんのみを冷凍しておいても便利。 |
| | スパゲッティ | 長さを半分に折って、表示の時間よりやや長めにゆでてから調理し、冷凍する。調理前のゆでためんのみを冷凍しておいても便利。 |
| | ビーフン | 湯でやわらかく戻したのち、野菜などと一緒に油で炒めて調理してから冷凍する。めんがくっつきやすいので、めんのみを冷凍する場合も、かならず油で炒めておく。 |
| | 焼きそば用中華蒸しめん | 食べやすい長さに切り、野菜などと一緒に炒めて調理し、冷凍する。めんに油がからんでいるので、めんのみをそのまま冷凍することも可能。 |
| いも類 | じゃがいも | 皮をむいて水からやわらかくゆで、熱いうちにつぶしたものを調理し、冷凍する。ひと口大などの大きさのまま冷凍すると、組織が壊れ食感が悪くなるので、必ずつぶしてからに。肉じゃがなどを冷凍する場合は、じゃがいもはつぶしてから冷凍を。 |
| | さつまいも | 繊維があり、冷凍すると食感が変わりやすいため、繊維を断ち切るように薄い輪切りにして調理する。または、皮をむいて水からやわらかくゆで、熱いうちにつぶしたものを調理し、冷凍する。 |
| | 山いも | 繊維があり水分が多いので、小角切りにするか、すりおろしてから調理に使用する。素材として山いものみを冷凍する場合は、すりおろして冷凍用保存袋に平らに入れておくと、使いたい量を割って使えて便利。 |
| | 里いも | 皮をむいて薄切りまたは小角切りにし、料理に使う。繊維があり、冷凍すると食感が変わりやすいため、ひと口大以上の大きさは避ける。 |

## たんぱく質源食品（フリージングに向く食材）

| 肉 | 肉全般 | 解凍時に加熱ムラが出にくいように、小さめに切って調理する。 |
|---|---|---|
| | ソーセージ | 加熱解凍時に破裂しないように、皮に穴をあけるか、小さく切ってから調理する。 |
| 魚 | 魚全般 | 解凍時に加熱ムラが出にくいように、小さめに切り、骨をしっかりのぞいてから調理する。 |
| | えび | えびは背ワタがあれば取りのぞき、かたくり粉をふってよくもみ、水洗いして臭みをとってから調理する。 |
| | いか・たこ | 解凍時に熱が加わるため、通常よりかたくなりがち。かみきりやすいように包丁で細かい切り目を入れ、やや小さめの食べやすい大きさに切って調理する。 |

22

# フリージングに向く食材・

どんな食材がフリージングに向くのか、どのように下ごしらえや調理をすればおいしく冷凍・解凍

## たんぱく質源食品（フリージングに向く食材）

| 魚 | あさり | 砂抜きをし（濃度3％の塩水に2時間ほどつける）、殻と殻をこすり合わせて洗ったのち、調理する。解凍時に殻が熱くなってしまうので、冷凍する前に殻はのぞいておく。砂抜き後、殻つきの状態で冷凍することも可能。凍ったまま煮たり蒸したりして、いろいろな調理に使えて便利。 |
| --- | --- | --- |
| | ちくわ | 加熱解凍しやすいように、薄い輪切りにしてから調理する。 |
| 卵 | 卵 | 卵焼きや薄焼き卵などにしてから冷凍する。ゆで卵を冷凍する場合は、加熱解凍時に破裂しないように、必ず半分に切ってから冷凍する。 |
| | うずらの卵（水煮） | うずらの卵は丸のまま冷凍してもOK。 |
| 大豆製品 | 納豆 | においが移らないように、冷凍用保存袋にパックのまま入れて冷凍する。納豆は加熱するとにおいが強くなるので、自然解凍がおすすめ。 |
| | 油揚げ | 熱湯を回しかけて余分な油を取りのぞく。もともとかみきりにくいので、食べやすく小さめに切ってから調理する。 |
| | 大豆 | やわらかくゆでて、口当たりの悪い薄皮をのぞいてから調理する。 |

## ビタミン・ミネラル源食品（フリージングに向く食材）

| 野菜 | にんじん | 切り方が大きいと繊維が残るので、薄切りにし、やわらかくなるまで火を通してから調理する。 |
| --- | --- | --- |
| | かぼちゃ | 解凍時に加熱ムラが出にくいように、小さめに切って調理する。 |
| | ほうれん草 | 特有のアクがあるので、熱湯で下ゆでしてから、食べやすい長さに切って調理する。 |
| | 小松菜・チンゲン菜 | アクが少ないので、下ゆでいらず。食べやすい長さに切り、調理する。 |
| | ピーマン・パプリカ | 特有の苦みがあるので、細切りにしてから調理する。繊維を断つように（横に）細切りにするほうが、やわらかく仕上がる。反対に繊維に沿って（縦に）細切りにすると、苦みはやわらぐ。 |
| | グリーンアスパラガス | 下から半分ほどは皮がかたいので、ピーラーで皮をむいてから調理する。火を通すときは少しかために仕上げておくと、加熱解凍したときに、ちょうどよいやわらかさになる。 |
| | ブロッコリー・カリフラワー | 小房に切り分けてから調理する。少しかために仕上げておくと、加熱解凍したときに、ちょうどよいやわらかさになる。 |
| | キャベツ・白菜 | 切り方が大きいと繊維が残るので、小さめに刻んでから調理する。とくに白い軸の部分は繊維が多いので、繊維を断つように（横に）刻む。 |
| | 玉ねぎ | 切り方が大きいと繊維が残るので、薄切りか、または小角切りにしてから調理する。 |
| | 大根・かぶ | 切り方が大きいと繊維が残るので、薄切りか、または小角切りにしてから調理する。 |
| | 大根の葉・かぶの葉 | 特有の辛みがあるので、熱湯で下ゆでしてから、食べやすい長さに切って調理する。 |
| | とうもろこし（生、缶詰） | 包丁で実をはずし、熱湯でやわらかくゆでてから調理する。調理前のゆでたもの（缶詰の場合は缶から出したそのまま）を、冷凍用保存袋に入れて平らに広げて冷凍しておくと、使いたいときに少量取り出して使えて便利。 |

# フリージングに向く食材・向かない食材リスト

## ビタミン・ミネラル源食品（フリージングに向く食材）

| 野菜 | さやいんげん・スナップえんどう | 筋があれば取りのぞき、食べやすい長さ（大きさ）に切ってから調理する。 |
|---|---|---|
| | セロリ | 繊維、水分が多いので、薄切りにして調理する。 |
| | そら豆・枝豆 | 熱湯でやわらかくゆで、豆の薄皮を取りのぞいてから調理する。調理前のゆでたものを、冷凍用保存袋に入れて平らに広げて冷凍しておいても、使いたいときに少量取り出して使えて便利。 |
| | もやし | ひげ根は口当たりが悪いので、取りのぞいてから調理する。特有のシャキシャキ感は冷凍すると損なわれるが、食物繊維は補給できる。 |
| | なす | 食べやすい大きさに切り、やわらかくなるまで調理する（皮の口当たりが苦手なようなら、むいてあげるとよい）。水分が多い野菜だが、加熱調理後なら冷凍しても食感に変化は少ない。 |
| | オクラ | 塩でこすってうぶ毛をのぞき、水で洗い落とす。食べやすい大きさに切ってから調理する。 |
| | きのこ類 | もともとかみきりにくい食材なので、小さめに切って調理する。調理前の生のものを冷凍保存しておくことも可能。食べやすい大きさに切って冷凍用保存袋に平らに入れておくと、スープや炒め物などに凍ったままさっと加えられて便利。 |
| | 干ししいたけ | 水かぬるま湯につけて戻し、薄切り、または小さめに切ってから調理する。戻したときの水は、調理に使うとうまみがアップする。 |
| | たけのこ | 切り方が大きいと繊維が残るので、小さく薄切りにしてから調理する。 |
| | れんこん | 切り方が大きいと繊維が残るので、薄切りにし、水に5分ほどさらしてアクをとったのち、調理する。 |
| | 長ねぎ | 切り方が大きいと繊維が残るので、斜め薄切りや粗みじん切りにしてから調理する。 |
| | パセリ・青じそ | 香りや色味を残すために、調理前のみじん切りにしたものを別に冷凍しておき、解凍後に加えて混ぜる。 |
| 海藻類・そのほか | わかめ | 水で戻し（塩蔵の場合は水で塩を洗い落とし）、やわらかくなるまで火を通す。かみきりにくいため、かまずに飲み込んで気管をふさぐ恐れがあるので、小さく刻んでから調理する。 |
| | ひじき | 水で戻し、やわらかくなるまで火を通して調理する。ひじきを戻したときの水は、調理には使わないほうがよい。 |
| | 春雨 | 水かぬるま湯につけて戻し、短めに切ってから調理する。冷凍・解凍すると、つるつるとした食感ではなくプチプチとした食感に変わるため、切る長さは短めがおすすめ。 |

## フリージングに向かない食材

| 水分や繊維の多い食品 | ごぼう | 繊維が多いので、冷凍にはあまり向かない。繊維を断つ薄切りにすれば、冷凍できる。 |
|---|---|---|
| | きゅうり | 水分が多いので、冷凍には向かない。 |
| | トマト | 水分が多いので、冷凍には向かない。煮込んでトマトピューレにすれば、冷凍できる。 |
| | レタス | 繊維、水分が多いので、冷凍には向かない。 |
| | 豆腐 | 水分が多く、冷凍すると食感が悪くなる。ただし、そぼろ状になるまで炒めれば、冷凍できる。 |
| | こんにゃく | 水分が多く、冷凍するとスポンジのような食感になる。子どもに食べさせるには、あまりすすめない。 |

# Part 2

1歳半～2歳の

## フリージング幼児食

おかずを5品作ってフリージングしておき、
1週間分の夕ごはんに展開するプランを3ケースご提案。
さらに主菜、副菜、主食、汁物の単品レシピも紹介します。
はじめはケースどおりに作り
慣れてきたら単品を自由に組み合わせるなど、
献立作りにお役立てください。

# 1歳半〜2歳の 成長と栄養

前歯だけでなく奥歯も生えてきて、多少歯ごたえのあるものでも、奥歯ですりつぶして食べることができるようになります。大きさややわらかさを調整しながら、いろいろな食品に挑戦させてみましょう。

## 成長のようすと幼児食のポイント

### 自分で食べたい！という気持ちを育む

視力や聴力も発達し、周りのようすが理解できるようになり、大人のようすをまねて、新しいことに挑戦したくなる時期です。自分で食べたい！ という意欲が出てきたら、上手に食べられなくても見守ってあげましょう。最初は手づかみでも、スプーンやフォークを使って食べられるようになってきます。食材をスプーンにのせやすい大きさに切ってあげるのもポイントです。

### 歯の成長に合わせて食品のかたさを調節する

前歯8本が生えそろい、奥歯が生えてくると、それまでは歯ぐきですりつぶしていたものが、歯ですりつぶせるようになります。その奥歯の成長にあわせて食品のやわらかさを調節し、少しずつかみごたえのあるものを与えて、かむ練習をさせましょう。ただし、繊維の多い食材はまだかみきりにくいこともあるので、繊維を断つように小さく切ってあげましょう。

大好きなおかずだとつい手がのびちゃう。よくかんで食べてね。

### 食事時間と遊びの時間の切り替えを心がけよう

好奇心が旺盛になり、食事中に動き回ったり、遊び食べをしたりするころです。また、自己主張が強くなってくるので、大人の思いどおりにいかないことも増えてきます。まずは「いただきます」「ごちそうさま」のあいさつを習慣にして、食事の時間を意識させましょう。

# 1歳半〜2歳の1日の食事の目安量

## 食事の回数

## 1日**3**食＋おやつ**1〜2**回

この時期のおやつは、3回の食事ではとりきれない栄養を補うためのもの。牛乳、果物、いも類などがおすすめ。2回にするときは、午前と午後に分けるとよい。

## 1日にとりたいエネルギー量

**男の子**
**950**kcal

**女の子**
**900**kcal

いろいろな食品をバランスよくとりながら必要なエネルギー量を満たすようにする。

## 1日にとりたい食品

| 栄養源 | 食品の分類 | 目安量 | 食品の量の目安 | とり方 |
|---|---|---|---|---|
| エネルギー源 | 穀類 | 200〜300g | ごはん子ども用茶わん1杯（80〜100g）、食パン8枚切り1枚（50g） | ごはん（80〜100g）、食パン（8枚切り1枚）など。3回の食事で主食を必ずとる。 |
| たんぱく質源 | 肉類 | 30〜40g | 薄切り肉1枚（30〜40g） | 主菜のメイン材料として、これらの食品をバランスよく取り入れる。 |
| | 魚類 | 30〜40g | 切り身魚⅓切れ（30〜40g） | |
| | 大豆・大豆製品 | 30〜35g | 豆腐⅒丁（30g）、納豆⅔パック（30g） | |
| | 卵 | 30〜40g | L½個（30g）、うずらの卵3個（30g） | |
| | 牛乳・乳製品 | 400g | 牛乳コップ1杯（150g）、ヨーグルト1個（80g）、プロセスチーズ厚さ1㎝1枚（10g） | おやつなどで上手にとるとよい。 |
| ビタミン・ミネラル源 | いも類 | 50g | じゃがいも½個（50g）、さつまいも2㎝輪切り1〜2枚（50g） | 副菜のメイン材料として、これらの食品をバランスよく取り入れる。 |
| | 野菜（緑黄色野菜） | 40g | トマト2切れ（40g）、ブロッコリー3〜4房（40g）、いんげん3〜4本（40g） | |
| | 野菜（淡色野菜） | 60g | キャベツ1枚（60g）、きゅうり½本（50g）、大根1.5㎝輪切り1枚（60g） | |
| | 海藻類・きのこ類 | 少量 | ※かみきりにくいのでようすを見ながら与える | |
| | 果物 | 100〜150g | りんご½個（100g）、バナナ½本（100g）、いちご1個（10g） | おやつなどで上手にとるとよい。 |
| 脂質 | 油脂類 | 10g | 油小さじ1（4g） | エネルギー源になる栄養だが、意識してとる必要はなく、むしろとりすぎに気をつける。 |

※各食品の分量は、あくまでも目安量です。
※1日にとりたいエネルギー量の目安は、「日本人の食事摂取基準2015年版」（厚生労働省）をもとにしています。

# この5品を作ればOK！
# 1週間分の夕ごはんストック

1歳半〜2歳の幼児食

週末や時間があるときに
次の5品を作って冷凍ストックしておけば、
1週間分の夕ごはんに展開できます。

## Case 1 ストックするのはこの5品

- A 豆腐ハンバーグ
- B さけといんげんのシチュー
- C 牛肉と白菜のすき煮
- D にんじんのごまあえ
- E 大根とわかめのみそ汁

---

ストック A

## 豆腐ハンバーグ
ふんわりやわらかくて食べやすい

### 材料（ミニサイズ6個・3食分）
- 木綿豆腐 … 100g
- 豚ひき肉 … 150g
- 卵 … ½個
- A
  - にんじん（すりおろし）… 大さじ2
  - 塩 … 少々
  - パン粉 … 大さじ2〜3
- 油 … 少々

### 作り方
1 木綿豆腐はペーパータオルで包んで軽く水けをきり、ボウルに入れて手でつぶす。豚ひき肉、卵、Aを順に加えてよく混ぜる。
2 1を6等分にして小判形にととのえる。
3 フライパンを中火で熱し、油を薄くひいて2を並べる。両面に焼き色をつけたら、水大さじ3〜4を加えてふたをし、5分ほど蒸し焼きにして中まで火を通す。

### 保存方法
1個ずつラップで包み、冷凍用保存袋に入れて冷凍する。食べるときは、電子レンジで1個あたり1分〜1分30秒加熱する。

**POINT**
豆腐の水きり具合でパン粉の量を加減して、
まとめやすいかたさに調節しましょう。
豚ひき肉以外に、
合いびき肉や鶏ひき肉でも作れます。

28

## ストック B

**POINT**
いんげんはスプーンにのりやすい大きさに
切ってあげましょう。
生ざけ以外にも、
生だら、かじき、鶏肉でも作れます。

1歳半〜2歳の幼児食

## さけといんげんのシチュー
塩を控えてやさしいクリーム味に！

### 材料（3〜4食分）
生ざけ … 1切れ
さやいんげん … 6本
玉ねぎ … ½個（100g）
バター … 8g
小麦粉 … 大さじ2
水 … 300㎖
牛乳 … 100㎖
塩 … 小さじ½弱

### 作り方
1 さやいんげんは1〜2㎝幅に切る。玉ねぎは薄切りし、2〜3㎝長さに切る。
2 生ざけは耐熱皿に入れ、水少々をふりかけてラップをかけ、電子レンジで1分30秒加熱する。骨、皮をのぞき、食べやすい大きさにほぐす。
3 鍋にバターを熱し、1を入れて中火で炒める。玉ねぎがしんなりしたら小麦粉を加えてよくなじませ、2と分量の水を加えて煮る。
4 さやいんげんがやわらかくなったら、牛乳を加え、とろみがつくまで煮る。塩で味をととのえる（途中で水分が少なくなったと感じたら、水を少量足すとよい）。

### 保存方法
¼〜⅓量ずつ保存容器に入れて冷凍する。
食べるときはラップをかけ、電子レンジで
1分30秒〜2分加熱する。

---

## ストック C

**POINT**
しらたきはアクや特有のにおいがあるので、
下ゆでするのがおすすめ。
白菜は繊維を断つ方向（横）に細切りにすると、
かみ切りやすくなります。

## 牛肉と白菜のすき煮
しらたきのプチプチとした食感が楽しい

### 材料（3食分）
牛薄切り肉 … 80g
白菜 … 1枚（50g）
しらたき … 60g
だし汁 … 100㎖
A［しょうゆ … 小さじ2
　砂糖 … 小さじ2］

### 作り方
1 白菜は細切りにする。牛肉は1㎝幅に切る。しらたきは1㎝長さに切り、熱湯でさっとゆでてアクを抜き、ざるに上げて水けをきる。
2 鍋にだし汁、白菜を入れてふたをし、中火にかける。白菜がくったりするまで4〜5分煮る。
3 牛肉、しらたき、Aを加え、肉のアクをのぞきながら、肉に火が通るまで3〜4分煮る。

### 保存方法
⅓量ずつ保存容器に入れて冷凍する。食べるときはラップをかけ、電子レンジで1分30秒〜2分加熱する。

## にんじんのごまあえ●
色のきれいな野菜は食欲がわく!

**材料（4食分）**
にんじん … 小1本（100g）
A [ 白すりごま … 大さじ1
　　砂糖 … 小さじ1
　　しょうゆ … 小さじ½ ]

**作り方**
1 にんじんは2cm長さの短冊切りにする。
2 鍋に湯を沸かして1をやわらかくなるまでゆで、ざるに上げる。
3 ボウルにAを合わせ、2が熱いうちに加え、混ぜ合わせる。粗熱をとり、味をなじませる。

**保存方法**
¼量ずつラップで包み、冷凍用保存袋に入れて冷凍する。食べるときは、電子レンジで30〜40秒加熱する。

ストック **D**

**POINT**
にんじん以外に、さやいんげん、ブロッコリーなどもおすすめ。野菜のゆで加減は、お子さんの成長に合わせて調節してください。

## 大根とわかめのみそ汁●
大根とみそ玉に分けて冷凍。湯を注ぐだけで完成!

**材料（4食分）**
大根 … 2.5cm（100g）　　削り節 … 2g
わかめ（乾）… 大さじ1　　みそ … 小さじ4

**作り方**
1 大根は皮をむき、薄いいちょう切りにして熱湯でさっとゆでる。粗熱がとれたら4等分にし、ラップで包む。
2 わかめは手（または包丁）で小さくくだいてボウルに入れる。削り節、みそを入れて混ぜ合わせる。
3 （すぐ食べる場合）器に1、2をそれぞれ¼量ずつ入れ、熱湯100mlをそそいで混ぜる。

**保存方法**
具とみそ玉を¼量ずつ別々にラップで包み、冷凍用保存袋に入れて冷凍する。具とみそ玉をセットにし、さらにラップで包んでおくと取り出しやすい。食べるときは、電子レンジで10〜20秒加熱してから器に入れ、熱湯100mlをそそいで混ぜる。

ストック **E**

**POINT**
湯をそそいだあと、わかめがまだ大きいようなら、キッチンばさみで1cm四方ほどに小さく切ってあげましょう。わかめは大きいと、上あごにくっついて気管をふさぐこともあるので気をつけましょう。

## Case 1のストックで
# 1週間の献立プラン

Case 1の5品のストックおかずを使った、1週間の献立のプランを紹介します。

| 月曜日 | 火曜日 | 水曜日 | 木曜日 | 金曜日 | 土曜日 | 日曜日 |
|---|---|---|---|---|---|---|
|  |  |  |  |  |  |  |
| 大根とわかめのみそ汁 ゆでブロッコリー 牛肉と白菜のすき煮丼 | チーズ豆腐ハンバーグ 大根とキャベツとわかめのみそ汁 ごはん | さけといんげんのシチュー トマトときゅうりのサラダ ロールパン | 豆腐ハンバーグケチャップぞえ にんじんのごま混ぜごはん 大根とわかめのみそ汁 | 牛肉と白菜のすき煮 にんじんしりしり ゆでブロッコリー ごはん | さけといんげんのクリームドリア 大根とわかめと豆腐のみそ汁 きゅうりスティック&トマト | 照り焼き豆腐ハンバーグ にんじんのごまあえ さけといんげんのシチュー ロールパン |

（月曜日の写真の左上のアイコン：1歳半〜2歳の幼児食）

---

月曜日 Monday

大根とわかめのみそ汁
ゆでブロッコリー
すき煮をごはんにのせて牛丼風に
牛肉と白菜のすき煮丼

### 大根とわかめのみそ汁 ●

**材料**
 E 1食分 ＋ 熱湯 100ml

**作り方**
1 「大根とわかめのみそ汁」を電子レンジで10〜20秒加熱してから器に入れ、熱湯をそそいで混ぜる。

### ゆでブロッコリー ●

**材料**
ブロッコリー 小3〜4房

**作り方**
1 熱湯でやわらかくゆで、ざるに上げて水けをきる。

### 牛肉と白菜のすき煮丼 ● ●

**材料**
 C 1食分 ＋ 卵 1/2個　白飯 80〜100g

**作り方**
1 「牛肉と白菜のすき煮」を電子レンジで1分30秒〜2分加熱する。
2 フライパンに1を入れて中火にかけ、煮立ったら溶き卵を流し入れてしっかり火を通す。
3 器に白飯を盛り、2をかける。

解凍時にチーズをのせてアレンジ！

プチトマトは丸飲みすると危ないので、半分に切りましょう。
**POINT**

大根とキャベツとわかめのみそ汁

チーズ豆腐ハンバーグ

## チーズ豆腐ハンバーグ ● ●

**材料**

Ⓐ 2個

 ＋ ピザ用チーズ 大さじ1
プチトマト 1個

**作り方**
1 「豆腐ハンバーグ」を電子レンジで1分30秒～2分加熱する。
2 耐熱皿に1を盛り、チーズをのせて、さらにレンジで10～20秒加熱する。
3 ヘタをとり、半分に切ったトマトをそえる。

### ごはん　80～100g ●

## 大根とキャベツとわかめのみそ汁 ●

**材料**

Ⓔ 1食分

 ＋ キャベツ 1/4枚
熱湯 100ml

**作り方**
1 キャベツは2cm四方に切り、耐熱皿にのせて水少々をふり、ラップをかけて電子レンジで20～30秒加熱する。
2 「大根とわかめのみそ汁」を電子レンジで10～20秒加熱してから器に入れ、1を加え、熱湯をそそいで混ぜる。

水曜日 Wednesday

さけといんげんのシチュー

シチューは
パンにも
ごはんにも合う

さけといんげんのシチュー

トマトときゅうりのサラダ

1歳半〜2歳の幼児食

木曜日 Thursday

大根とわかめのみそ汁

にんじんの
ごま混ぜごはん

ケチャップは
かけすぎに
気をつけて

豆腐ハンバーグケチャップぞえ

---

### さけといんげんのシチュー 🟣 🟠

**材料**
Ⓑ 1食分

**作り方**
1 「さけといんげんのシチュー」を電子レンジで1分30秒〜2分加熱する（途中でようすを見て調節する）。

---

### トマトときゅうりのサラダ 🟢
（ごまサウザンドレッシング）

**材料**
トマト 1/8個
きゅうり 3〜4cm
Ⓐ ┌ マヨネーズ、牛乳、白すりごま 各小さじ1/2
  └ トマトケチャップ、はちみつ 各小さじ1/4

**作り方**
1 トマトは小さな角切りにする。きゅうりは2〜3mm厚さの輪切りにする。器に盛り合わせ、Ⓐを混ぜ合わせてかける。

---

ロールパン　1/2〜1個 🟡

---

### 豆腐ハンバーグケチャップぞえ 🟠 🟢

**材料**
Ⓐ 2個

＋ トマトケチャップ 小さじ1
　　グリーンアスパラガス 1本

**作り方**
1 「豆腐ハンバーグ」を電子レンジで1分30秒〜2分加熱する。
2 器に盛り、トマトケチャップをのせる。
3 アスパラガスは下から半分はピーラーで皮をむき、熱湯でやわらかくゆでる。長さを半分にし、さらに縦半分に切って2にそえる。

---

### にんじんのごま混ぜごはん 🟡

**材料**
Ⓓ 1食分

 ＋ 白飯 80〜100g

**作り方**
1 「にんじんのごまあえ」を電子レンジで30〜40秒加熱して刻み、白飯と混ぜ合わせる。

---

### 大根とわかめのみそ汁 🟣

**材料**
Ⓔ 1食分

 ＋ 熱湯 100ml

**作り方**
1 「大根とわかめのみそ汁」を電子レンジで10〜20秒加熱してから器に入れ、熱湯をそそいで混ぜる。

彩りが
きれいだと
食欲がわく!

ゆでブロッコリー

にんじんしりしり

牛肉と白菜のすき煮

金曜日
Friday

---

## 牛肉と白菜のすき煮 ●

**材料**

 1食分

**作り方**

1 「牛肉と白菜のすき煮」を電子レンジで1分30秒～2分加熱する。

## ごはん　80〜100g ●

## にんじんしりしり ●

**材料**

D 1食分

 ＋ 卵 ½個
ごま油 少々
塩 小さじ⅕

**作り方**

1 「にんじんのごまあえ」を電子レンジで30～40秒加熱する。
2 フライパンにごま油を中火で熱し、塩を加えて溶きほぐした卵を入れて炒める。1を加えて混ぜ合わせる。

## ゆでブロッコリー ●

**材料**
ブロッコリー　小3～4房

**作り方**
1 熱湯でやわらかくゆで、ざるに上げて水けをきる。

34

土曜日 Saturday

生野菜の食感を楽しませて

大根とわかめと豆腐のみそ汁

きゅうりスティック&トマト

1歳半〜2歳の幼児食

さけといんげんのクリームドリア

日曜日 Sunday

照り焼き味のソースをかけるだけ！

さけといんげんのシチュー

照り焼き豆腐ハンバーグ

にんじんのごまあえ

## さけといんげんのクリームドリア

**材料**

B 1食分 ＋ ピザ用チーズ 大さじ1〜2　白飯 80〜100g

**作り方**
1 「さけといんげんのシチュー」を電子レンジで1分30秒〜2分加熱する（途中でようすを見て調節する）。
2 耐熱皿に白飯を盛り、1をかける。チーズをのせて、オーブントースターで3分ほど焼く。

## 大根とわかめと豆腐のみそ汁

**材料**

E 1食分 ＋ 豆腐 15g　熱湯 100mℓ

**作り方**
1 鍋に「大根とわかめのみそ汁」、角切りにした豆腐を入れ、熱湯をそそいで火にかけ、さっと温める。

## きゅうりスティック&トマト

**材料**
きゅうり 5cm、プチトマト 1個
A ［マヨネーズ 小さじ1　白すりごま 小さじ1/2　トマトケチャップ 小さじ1/4　はちみつ 小さじ1/4］

**作り方**
1 きゅうりは四つ割りにし、混ぜ合わせたAをかける。トマトは半分に切る。

## 照り焼き豆腐ハンバーグ

**材料**

A 2個 ＋ A ［しょうゆ、みりん、酒、砂糖 各小さじ1/2　かたくり粉 小さじ1/3　水 大さじ2］
きゅうり 5cm

**作り方**
1 「豆腐ハンバーグ」を電子レンジで1分30秒〜2分加熱する。
2 フライパンにAを入れ、混ぜながら加熱し、とろみがついたら火を止める。
3 器に1を盛り、2をかける。きゅうりを四つ割りにしてそえる。

## にんじんのごまあえ

**材料**  D 1食分

**作り方**
1 「にんじんのごまあえ」を電子レンジで30〜40秒加熱する。

## さけといんげんのシチュー

**材料**  B 1食分

**作り方**
1 「さけといんげんのシチュー」を電子レンジで1分30秒〜2分加熱する（途中でようすを見て調節する）。

## ロールパン　1/2〜1個

# この5品を作ればOK！
# 1週間分の夕ごはんストック

1週間の夕ごはんを5品の組み合わせで展開していくので、たんぱく質源、ビタミン・ミネラル源の食品をバランスよく使っておかずを作りましょう。

**1歳半〜2歳の幼児食**

## Case 2 ストックするのはこの5品

| A | B | C | D | E |
|---|---|---|---|---|
|  |  |  |  |  |
| にんじん入り蒸し鶏 | なすのそぼろ煮 | かぼちゃの甘煮 | ほうれん草と油揚げのみそ汁 | キャベツとベーコンのスープ |

---

## にんじん入り蒸し鶏

**蒸し鶏とにんじんは分けて冷凍しておくと便利**

**材料（4食分）**
鶏ささみ… 2本
塩… 少々
にんじん… 小½本（50g）

**作り方**
1 鶏ささみは筋をのぞき、塩をふって耐熱皿にのせる。
2 にんじんはせん切りにして1の上にのせ、水少々をふってラップをかけ、電子レンジで1分30秒加熱する。ささみを裏返してさらに30〜40秒加熱する。ラップをかけたまま粗熱をとる。
3 （すぐ食べる場合）ささみは食べる分だけ（½本）手でほぐして器に盛り、¼量のにんじんをのせる。

**保存方法**
鶏ささみはほぐさずに1本を半分に切り、ラップで包む。にんじんは¼量ずつラップで包み、ともに冷凍用保存袋に入れる。食べるときは、ささみとにんじんを一緒に電子レンジで1分〜1分30秒加熱し、ささみは食べやすい大きさにほぐす。

ストック **A**

**POINT**
ラップをかけたまま冷ますのが、やわらかく仕上げるコツ。鶏むね肉でも同様に作れます。

ストック
# B

**POINT**
豚ひき肉を鶏ひき肉や
ツナに替えて作ってもおいしい。
ごはんに混ぜたり、
パスタにからめてどうぞ！

1歳半〜2歳の幼児食

## なすのそぼろ煮 ●
そのままでも、ごはんやパスタに混ぜてもおいしい

**材料（3〜4食分）**
豚ひき肉 … 80g
なす … 2本（200g）
玉ねぎ … ¼個（50g）
さやいんげん … 2本
A［だし汁 … 150mℓ
　　しょうゆ、砂糖 … 各小さじ2］
油 … 小さじ2
コーンスターチ … 大さじ1

**作り方**
1 なすは1cm角に切り、水に5分ほどつけてアクをとり、水けをきる。玉ねぎは粗みじん切りに、さやいんげんは5mm幅の輪切りにする。
2 フライパンに油を中火で熱し、玉ねぎを炒める。しんなりしてきたら豚ひき肉、なす、さやいんげんを加えて炒める。
3 肉の色が変わったらAを加えて炒め煮にする。野菜がやわらかくなったら、同量の水で溶いたコーンスターチを加えてとろみをつける。

**保存方法**
¼〜⅓量ずつ保存容器に入れて冷凍する。食べるときはラップをかけ、電子レンジで1分〜1分30秒加熱する。

---

ストック
# C

**POINT**
かぼちゃの皮が
かたくて食べにくい場合は、
食べさせる前に
のぞいてあげましょう。

## かぼちゃの甘煮 ●
とっても簡単！　常備菜としておすすめ

**材料（3食分）**
かぼちゃ … ⅛個（200g）
A［みりん、砂糖、しょうゆ … 各大さじ½
　　水 … 50mℓ］

**作り方**
1 かぼちゃは種とわたをとり、2cm角ほどに小さく切る。
2 耐熱容器に1、Aを入れ、ラップをかけて電子レンジで4分加熱する。全体をかき混ぜ、さらに2分加熱し、そのまま冷まして味をなじませる。

**保存方法**
⅓量ずつ汁ごと保存容器に入れて冷凍する。食べるときはラップをかけ、電子レンジで1分30秒〜2分加熱する。

# ほうれん草と油揚げのみそ汁

ほうれん草とみそ玉に分けて冷凍！

**材料（4食分）**
ほうれん草 … 1株（20g）
油揚げ（油抜き済）… ½枚
A [ みそ … 小さじ4
　　削り節 … 2g ]

**作り方**
1 ほうれん草は熱湯でゆでて水にとり、水けをしぼって2cm長さに切り、もう一度よく水けをしぼる。
2 油揚げは2cm長さの細切りにし、Aと混ぜ合わせる。
3 （すぐ食べる場合）器に1、2を¼量ずつ入れ、熱湯100mlをそそいで混ぜる。

**保存方法**
具とみそ玉を¼量ずつ別々にラップで包み、冷凍用保存袋に入れて冷凍する。みそ汁として食べるときは、電子レンジで10～20秒加熱してから器に入れ、熱湯100mlをそそいで混ぜる。

ストック **D**

**POINT**
ほうれん草と油揚げ入りのみそは別々に冷凍保存しておくと、アレンジの幅が広がります。

---

# キャベツとベーコンのスープ

具だけを冷凍。コンソメスープをそそいで完成！

**材料（4食分）**
キャベツ … 2枚（120g）
玉ねぎ … ½個（100g）
ベーコン … 1枚
顆粒コンソメ（無添加）… 小さじ2弱

**作り方**
1 キャベツは芯をのぞき、2cm四方に切る。玉ねぎは薄切りにする。熱湯で一緒にゆで、ざるに上げて水けをきる。
2 ベーコンは細切りして耐熱容器に入れ、電子レンジで1分加熱する。
3 （すぐ食べる場合）1、2を混ぜ合わせる。器に¼量の具と顆粒コンソメを入れ、熱湯100mlをそそいで混ぜる。

**保存方法**
1、2を混ぜ合わせて¼量ずつラップで包み、冷凍用保存袋に入れて冷凍する。食べるときは、電子レンジで20～30秒加熱してから器に入れ、顆粒コンソメ小さじ½弱を加え、熱湯100mlをそそいで混ぜる。

ストック **E**

**POINT**
熱湯の代わりに温めた牛乳や豆乳をそそげば、ミルクスープになります。

# Case 2 のストックで
## 1週間の献立プラン

Case 2 の 5 品のストックおかずを使った、1週間の献立のプランを紹介します。

| 月曜日 → | 火曜日 → | 水曜日 → | 木曜日 → | 金曜日 → | 土曜日 → | 日曜日 |
|---|---|---|---|---|---|---|
|  |  |  |  |  |  |  |
| なすの和風パスタ | かぼちゃの甘煮 | なすのそぼろ煮 | バンバンジー | チキンビビンバ | かぼちゃのチーズボール | なすのそぼろ煮 |
| キャベツとベーコンのスープ | チキンとほうれん草の具だくさんカレースープ | かぼちゃのスープ | ほうれん草と油揚げのみそ汁 | キャベツとベーコンの卵スープ | キャベツとベーコンのカレースープ | ほうれん草と油揚げのみそ汁 |
| 絹さやのチーズあえ | 桜えびのおにぎり | ブロッコリーのみそヨーグルトがけ | ごはん | トマト | にんじん入り蒸し鶏のマヨごまあえ | ゆでアスパラガスのおかかあえ |
|  |  | 納豆ごはん |  |  | ごはん | 梅ごはん |

1歳半～2歳の幼児食

---

月曜日 Monday

パスタをゆでてからめるだけ

絹さやのチーズあえ

キャベツとベーコンのスープ

なすの和風パスタ

### なすの和風パスタ 〇〇

**材料** B 1食分
 + スパゲッティ（乾）30～40g / 塩 少々

**作り方**
1 スパゲッティは半分に折り、熱湯で表示よりも長めにゆでる。
2「なすのそぼろ煮」を電子レンジで1分～1分30秒加熱する。
3 ゆで上がった1に2を混ぜ合わせ、塩で味をととのえる。

### キャベツとベーコンのスープ ●

**材料** E 1食分
 + 顆粒コンソメ 小さじ1/2弱 / 熱湯 100ml

**作り方**
1「キャベツとベーコンのスープ」を電子レンジで20～30秒加熱してから器に入れ、顆粒コンソメを加え、熱湯をそそいで混ぜる。

### 絹さやのチーズあえ ●

**材料**
絹さや 3～4枚
粉チーズ 小さじ1/2

**作り方**
1 絹さやは筋をとり、熱湯でゆでてざるに上げ、水けをきる。2cm長さに切り、粉チーズと混ぜ合わせる。

39

かぼちゃの甘煮

火曜日 Tuesday

桜えびのおにぎり

スープなら野菜が食べやすい

チキンとほうれん草の具だくさんカレースープ

## かぼちゃの甘煮 ●

**材料**
 C 1食分

**作り方**
1 「かぼちゃの甘煮」を電子レンジで1分30秒〜2分加熱する。

## 桜えびのおにぎり ●

**材料**
白飯 80〜100g、桜えび 大さじ1

**作り方**
1 桜えびは粗みじん切りにする。
2 白飯を3等分にしてボール形ににぎり、1をまぶす。

## チキンとほうれん草の 具だくさんカレースープ ● ●

**材料**
 D 1食分 ＋  A 1食分 ＋ カレー粉 小さじ1/8
熱湯 100ml

**作り方**
1 「にんじん入り蒸し鶏」を電子レンジで1分〜1分30秒加熱する。ささみは粗熱をとり、手でほぐす。
2 「ほうれん草と油揚げのみそ汁」を電子レンジで10〜20秒加熱してから器に入れ、熱湯をそそぐ。
3 2に1を加え、カレー粉を加えて風味をつける。

## なすのそぼろ煮

**材料**

B 1食分

**作り方**
1 「なすのそぼろ煮」を電子レンジで1分～1分30秒加熱する。

## かぼちゃのスープ

**材料**

C 1食分 ＋ 牛乳 80～100ml

**作り方**
1 「かぼちゃの甘煮」を電子レンジで1分30秒～2分加熱し、小鍋に入れる。
2 かぼちゃをつぶし、牛乳を加えて混ぜ、ひと煮する。

## ブロッコリーのみそヨーグルトがけ

**材料**
ブロッコリー 2～3房
A［ヨーグルト 小さじ2
　　みそ 小さじ1/2］

**作り方**
1 ブロッコリーは熱湯でやわらかくゆで、ざるに上げて水をきる。器に盛り、混ぜ合わせたAをかける。

## 納豆ごはん

**材料**
白飯 80～100g
ひき割り納豆 1/2パック
A［しょうゆ 3～4滴、だし汁 小さじ2］

**作り方**
1 器に白飯を盛り、Aを混ぜた納豆をのせる。

## バンバンジー

**材料**

A 1食分 ＋ A［みそ 小さじ1/4、砂糖 小さじ1/2
　　　　　　ヨーグルト 小さじ1、白すりごま 小さじ1/2］
きゅうり 5cm

**作り方**
1 「にんじん入り蒸し鶏」を電子レンジで1分～1分30秒加熱し、ささみをほぐす。
2 きゅうりは斜め薄切りにしてから、細切りにする。
3 器に1、2を盛り合わせ、混ぜ合わせたAをかける。

## ほうれん草と油揚げのみそ汁

**材料**

D 1食分 ＋ 熱湯 100ml

**作り方**
1 「ほうれん草と油揚げのみそ汁」を電子レンジで10～20秒加熱してから器に入れ、熱湯をそそいで混ぜる。

## ごはん　80～100g

## チキンビビンバ 🟡🟠

**材料**

Ⓐ 1食分 ＋ Ⓓ 1食分 ＋ 白飯 80〜100g
Ⓐ [ しょうゆ 小さじ1/3、砂糖 小さじ1/2
　　白すりごま 小さじ1、水 小さじ1 ]

**作り方**
1 「にんじん入り蒸し鶏」を電子レンジで1分〜1分30秒加熱し、ささみをほぐす。「油揚げとほうれん草のみそ汁」のほうれん草を電子レンジで30秒加熱する。
2 器に白飯を盛り、1をのせる。混ぜ合わせたAをかける。

## キャベツとベーコンの卵スープ 🟣

**材料**

Ⓔ 1食分 ＋ 卵 1/3個
　　　　　塩、ごま油 各少々

**作り方**
1 小鍋に「キャベツとベーコンのスープ」の具と水100mlを入れて火にかける。沸騰したら溶き卵を入れて火を通す。
2 塩、ごま油で味をととのえる。

## トマト
2切れ（ひと口大に切る）🟢

---

## かぼちゃのチーズボール 🟢

**材料**

Ⓒ 1食分 ＋ カッテージチーズ 小さじ1/2

**作り方**
1 「かぼちゃの甘煮」を電子レンジで1分30秒〜2分加熱する。
2 1を皮をのぞいて粗くつぶし、カッテージチーズと混ぜ合わせ、3等分にしてひと口サイズに丸める。

## キャベツとベーコンのカレースープ 🟣

**材料**

Ⓔ 1食分 ＋ 顆粒コンソメ 小さじ1/2弱
　　　　　カレー粉 少々

**作り方**
1 小鍋に「キャベツとベーコンのスープ」の具、水100ml、顆粒コンソメ、カレー粉を加えて火にかけ、沸騰したら火を止める。

## にんじん入り蒸し鶏のマヨごまあえ 🟠

**材料**

Ⓐ 1食分 ＋ Ⓐ [ 白すりごま 大さじ1/2
　　　　　　　マヨネーズ 小さじ1/2 ]

**作り方**
1 「にんじん入り蒸し鶏」を電子レンジで1分〜1分30秒加熱し、ささみをほぐす。Aを合わせてあえる。

## ごはん
80〜100g 🟡

---

金曜日 Friday

よく混ぜて食べるとおいしい

トマト
チキンビビンバ
キャベツとベーコンの卵スープ

土曜日 Saturday

ごはんにかけて食べてもOK

キャベツとベーコンのカレースープ
にんじん入り蒸し鶏のマヨごまあえ
かぼちゃのチーズボール

日曜日 Sunday

なすのそぼろ煮

アスパラを
いんげんに
替えても！

ゆでアスパラガスの
おかかあえ

1歳半
〜2歳
の幼児食

梅ごはん

ほうれん草と油揚げの
みそ汁

### なすのそぼろ煮

材料 **B** 1食分

作り方
1「なすのそぼろ煮」を電子レンジで1分〜1分30秒加熱する。

### ほうれん草と油揚げのみそ汁

材料 **D** 1食分  ＋ 熱湯 100ml

作り方
1「ほうれん草と油揚げのみそ汁」を電子レンジで10〜20秒加熱してから器に入れ、熱湯をそそいで混ぜる。

### ゆでアスパラガスのおかかあえ

材料
グリーンアスパラガス 1本
**A**［削り節 2つまみ
　　しょうゆ 少々

作り方
1 アスパラガスは下から半分はピーラーで皮をむき、熱湯でやわらかくゆでる。1〜2cm長さに切り、Aを加えてあえる。

### 梅ごはん

材料
白飯 80〜100g
梅干し 小1/2個

作り方
1 梅干しは種を除いて小さくちぎり、白飯と混ぜ合わせる。

## この5品を作ればOK！
# 1週間分の夕ごはんストック

ひじきの煮物やクリームスープのような
ごはんに混ぜたり、パスタにかけられる
おかずを作っておくと、
アレンジのバリエーションが広がります。

**1歳半～2歳の幼児食**

### Case 3 ストックするのはこの5品

| A | B | C | D | E |
|---|---|---|---|---|
|  |  |  | 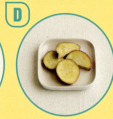 |  |
| チキンナゲット | さけのピカタ | ひじきの煮物 | 蒸しさつまいも | コーンクリームスープ |

---

## チキンナゲット

ひと口サイズなら、手づかみ食べもしやすい

**材料（12～14個・4食分）**
- 鶏ひき肉 … 100g
- 木綿豆腐 … 50g
- 卵 … ½個
- 塩 … 少々
- かたくり粉 … 大さじ1
- 油 … 大さじ1

**作り方**
1. 鶏ひき肉に水きりした木綿豆腐、溶き卵、塩、かたくり粉を混ぜる。
2. フライパンに油を中火で熱し、1をスプーンですくい落として平らに形をととのえ、両面をこんがりと焼き中まで火を通す。

**保存方法**
3～4個ずつラップで包み、冷凍用保存袋に入れて冷凍する。食べるときは、電子レンジで1分～1分30秒加熱する。

ストック **A**

**POINT**
豆腐を加えることで、
ふわふわの食感になります。

ストック
# B

**POINT**
さけの代わりに、かじきやたら、そぎ切りにした鶏むね肉などで作ってもおいしく作れます。

1歳半～2歳の幼児食

ストック
# C

**POINT**
ひじきは芽ひじきのほうが細かいですが、長ひじきのほうがやわらかいので、切る手間を惜しまなければ長ひじきのほうがおすすめです。

45

## さけのピカタ
**卵の衣をつけて、魚を食べやすくする**

### 材料（4食分）
生ざけ … 2切れ
塩 … 少々
小麦粉 … 適量
卵 … ½個
油 … 大さじ1

### 作り方
1 生ざけは皮と骨をのぞき、1切れを6～8等分に切って塩をふる。小麦粉をまぶして溶き卵にくぐらせる。
2 フライパンに油を中火で熱し、1を並べて両面を焼き中まで火を通す。

**保存方法**
3～4個（½切れ分）ずつラップで包み、冷凍用保存袋に入れて冷凍する。食べるときは、電子レンジで1分～1分30秒加熱する。

## ひじきの煮物
**子どもは甘い煮物が大好き。ごはんに混ぜてもおいしい**

### 材料（6食分）
芽ひじき（乾）… 12g
にんじん … ¼本（30g）
油揚げ（油抜き済）… 1枚
A[ だし汁 … 150㎖
   しょうゆ … 小さじ2
   砂糖 … 大さじ1 ]
ごま油 … 小さじ2

### 作り方
1 芽ひじきは水につけて戻す。にんじんはせん切りスライサーで極細切りにする。油揚げは細かく切る。
2 小鍋にごま油を中火で熱し、1を入れて炒める。全体にしんなりしてきたら、Aを加えて汁けがなくなるまで煮る。

**保存方法**
⅙量ずつ保存容器に入れて冷凍する。食べるときはラップをかけ、電子レンジで1分～1分30秒加熱する。

## 蒸しさつまいも

**いもの甘みが楽しめて、おやつにもおすすめ**

### 材料（3〜4食分）
さつまいも … 小1本（200g）

### 作り方
1 さつまいもは5mm厚さの輪切り（大きければ半月切り）にし、水に5分ほどさらす。
2 耐熱容器に1を軽く水けをきって入れ、ラップをかけて電子レンジで3分加熱する。さっとかき混ぜて、さらに1分加熱する。

### 保存方法
¼〜⅓量ずつラップで包み、冷凍用保存袋に入れて冷凍する。食べるときは、水を少々ふってラップをかけ、電子レンジで1分〜1分30秒加熱する。汁物に入れるときは、そのまま加えて加熱してもOK。

**ストック D**

**POINT**
さつまいもはパサつきやすいので、
解凍するときは水を補って
しっとりさせてください。

---

## コーンクリームスープ

**スープとしてだけでなく、パスタソースとしても便利**

### 材料（5食分）
クリームコーン（缶詰）… 200ml
玉ねぎ … ¼個（50g）
牛乳 … 300ml
バター … 8g

### 作り方
1 玉ねぎは薄切りにする。
2 フライパンにバターを中火で熱し、1を炒める。しんなりしたらクリームコーンと牛乳を加えてひと煮立ちさせる。

### 保存方法
⅕量ずつ保存容器に入れて冷凍する。食べるときはラップをかけ、電子レンジで1分30秒〜2分加熱する。

**ストック E**

**POINT**
牛乳の分量でスープの
とろみを調節できます。
少しかために仕上げておけば、
加熱後に調節することもできます。

## Case 3 のストックで
## 1週間の献立プラン

Case 3 の 5 品のストックおかずを使った、1週間の献立のプランを紹介します。

| 月曜日 → | 火曜日 → | 水曜日 → | 木曜日 → | 金曜日 → | 土曜日 → | 日曜日 |
|---|---|---|---|---|---|---|
|  |  |  |  |  |  | |
| チキンナゲットのロールサンド<br>コーンクリームスープ<br>ひじきの炒り卵 | さけのピカタ<br>コーンクリームスープ<br>ひじき混ぜごはん | チキンナゲット<br>ひじきの春雨スープ<br>おいもごはん | さけと麩のコーンチーズ焼き<br>ひじきのカレー風味<br>ごはん | さけのコーンクリームパスタ<br>さつまいもボール<br>ゆでブロッコリー | チキンナゲット<br>さつまいものポタージュ<br>ひじき混ぜごはん | さけのピカタ<br>ひじきとトマトのサラダ<br>コーンみそスープ<br>ごはん |

1歳半〜2歳の幼児食

### 月曜日 Monday

手づかみで食べるのも楽しい!

ひじきの炒り卵

コーンクリームスープ

チキンナゲットのロールサンド

### チキンナゲットのロールサンド ●●

**材料** Ⓐ 1食分

 + サンドイッチ用食パン 2枚
トマトケチャップ 小さじ1
ブロッコリー 2〜3房

**作り方**
1「チキンナゲット」を電子レンジで1分〜1分30秒加熱する。
2 食パン1枚にトマトケチャップの半量をぬり、1の半量をのせる。端からくるくると巻いてラップで包む。もう1枚の食パンでも同様に作る。形が落ち着いたら、食べやすい大きさに切って器に盛る。
3 熱湯でやわらかくゆでたブロッコリーをそえる。

### コーンクリームスープ ●

**材料** Ⓔ 1食分

**作り方**
1「コーンクリームスープ」を電子レンジで1分30秒〜2分加熱する(途中でようすを見て調節する)。

### ひじきの炒り卵 ●

**材料** Ⓒ 1食分

 + 卵 ½個
油 少々

**作り方**
1「ひじきの煮物」を電子レンジで1分〜1分30秒加熱する。
2 フライパンに油を中火で熱し、溶き卵を流し入れて炒り卵を作る。1と混ぜ合わせ、器に盛る。

火曜日 Tuesday

ピカタなら
お魚も
食べやすい

コーンクリームスープ

さけのピカタ

ひじき混ぜごはん

---

### コーンクリームスープ ●

**材料**
 E 1食分

**作り方**
1 「コーンクリームスープ」を電子レンジで1分30秒〜2分加熱する（途中でようすを見て調節する）。

### ひじき混ぜごはん ●

**材料**
 C 1食分  白飯 80〜100g

**作り方**
1 「ひじきの煮物」を電子レンジで1分〜1分30秒加熱する。
2 白飯に1を混ぜ合わせ、器に盛る。

### さけのピカタ ● ●

**材料**
 B 1食分 ＋ トマト 2切れ　絹さや 1枚

**作り方**
1 「さけのピカタ」を電子レンジで1分〜1分30秒加熱する。
2 トマトはひと口大に切る。絹さやは熱湯でゆでて、半分に切る。1とともに器に盛る。

水曜日 Wednesday

緑の野菜をそえて栄養&彩りUP!

ひじきの春雨スープ

チキンナゲット

おいもごはん

1歳半〜2歳の幼児食

木曜日 Thursday

さけと麩のコーンチーズ焼き

焼き麩とスープが好相性!

ひじきのカレー風味

## チキンナゲット ● ●

**材料**

 Ⓐ 1食分 ＋ さやいんげん 3〜4本

**作り方**

1 「チキンナゲット」を電子レンジで1分〜1分30秒加熱する。
2 さやいんげんは成り口を切り落とし、熱湯でやわらかくゆでる。1とともに器に盛る。

## ひじきの春雨スープ ●

**材料**

 Ⓒ 1食分 ＋ 春雨 少々 ごま油、塩 各少々

**作り方**

1 「ひじきの煮物」を電子レンジで1分〜1分30秒加熱する。
2 小鍋に1と水150ml、春雨を入れて火にかけ、春雨がやわらかくなったらキッチンばさみで食べやすい長さに切る。塩、ごま油で味をととのえる。

## おいもごはん ●

**材料**

 Ⓓ 1食分 ＋ 白飯 80〜100g

**作り方**

1 「蒸しさつまいも」は水少々をふり、電子レンジで1分〜1分30秒加熱し、7〜8mm角に切る。
2 白飯に1を混ぜ、器に盛る。

## さけと麩のコーンチーズ焼き ●

**材料**

 Ⓑ 1食分 ＋ Ⓔ 1食分 ＋ 焼き麩 3〜4個 ピザ用チーズ 大さじ1

**作り方**

1 「さけのピカタ」を電子レンジで1分〜1分30秒加熱する。
2 「コーンクリームスープ」を電子レンジで1分30秒〜2分加熱する。
3 焼き麩は水につけて戻し、水けをしぼる。
4 耐熱皿に1、3を入れ、2をかける。ピザ用チーズをのせて、オーブントースターで焼き色がつくまで3分ほど焼く。

## ひじきのカレー風味 ●

**材料**

 Ⓒ 1食分 ＋ カレー粉 少々

**作り方**

1 「ひじきの煮物」を電子レンジで1分〜1分30秒加熱する。
2 1にカレー粉を加えてよく混ぜ合わせ、器に盛る。

## ごはん 80〜100g ●

金曜日 Friday

さつまいもボール

ゆでブロッコリー

さけのコーンクリームパスタ

マカロニなどの
ショート
パスタでも！

## さつまいもボール ●

**材料**

Ⓓ 1食分  ＋ 牛乳 小さじ2
　　　　　　　　　　塩 少々

**作り方**
1「蒸しさつまいも」は水少々をふり、電子レンジで1分～1分30秒加熱し、フォークで粗くつぶす。
2 1に牛乳を加えて軽く混ぜ、再び30～40秒加熱する。塩を加えて味をととのえ、小さなボール状に丸める。

## ゆでブロッコリー ●

**材料**
ブロッコリー 小3～4房

**作り方**
1 熱湯でやわらかくゆで、ざるに上げて水けをきる。

## さけのコーンクリームパスタ ● ●

**材料**

 ＋ スパゲッティ（乾）30～40g

**作り方**
1 スパゲッティは半分に折り、熱湯で表示より長めにゆでる。ざるに上げて水けをきる。
2「さけのピカタ」、「コーンクリームスープ」はそれぞれ電子レンジで1分～1分30秒加熱する。さけは粗熱をとり、手でほぐす。
3 小鍋に2を入れて火にかけ、1を加えて混ぜ合わせ、器に盛る。

50

土曜日 Saturday

ほんのり甘いスープは子どもに人気

さつまいもポタージュ

ひじき混ぜごはん

チキンナゲット

1歳半〜2歳の幼児食

日曜日 Sunday

みそを加えて和風のスープに

コーンみそスープ

ひじきとトマトのサラダ

さけのピカタ

## チキンナゲット

**材料** Ⓐ 1食分

＋ トマトケチャップ 小さじ1

**作り方**
1 「チキンナゲット」を電子レンジで1分〜1分30秒加熱する。器に盛り、トマトケチャップをのせる。

## さつまいもポタージュ

**材料** Ⓓ 1食分

＋ 牛乳 100ml
砂糖 小さじ1/5
塩 少々

**作り方**
1 「蒸しさつまいも」は水少々をふり、電子レンジで1分〜1分30秒加熱し、フォークで粗くつぶす。
2 小鍋に1を入れ、牛乳加えて火にかける。ひと煮して、砂糖、塩を加えて味をととのえる。

## ひじき混ぜごはん

**材料** Ⓒ 1食分

＋ 白飯 80〜100g

**作り方**
1 「ひじきの煮物」を電子レンジで1分〜1分30秒加熱する。
2 白飯に1を混ぜ合わせる。

## さけのピカタ

**材料** Ⓑ 1食分

**作り方**
1 「さけのピカタ」を電子レンジで1分〜1分30秒加熱する。

## ひじきとトマトのサラダ

**材料** Ⓒ 1食分

＋ トマト 1/4個
マヨネーズ 小さじ1/2

**作り方**
1 「ひじきの煮物」を電子レンジで1分〜1分30秒加熱する。
2 トマトは小角切りする。1と合わせ、マヨネーズであえる。

## コーンみそスープ

**材料** Ⓔ 1食分

＋ みそ 小さじ1/8

**作り方**
1 「コーンクリームスープ」を電子レンジで1分30秒〜2分加熱する。
2 小鍋に1を入れ、みそを溶きながら加え、ひと煮する。

## ごはん   80〜100g

# フリージングできる単品レシピ
# 肉や魚のメインおかず
## Meat & Fish

1歳半〜2歳の幼児食

解凍すればすぐに食べられる、主菜になる肉や魚のおかずを紹介します。3〜4食分をまとめて作り、小分けして冷凍保存しておくと便利です。

❄…フリージング方法　⏱…電子レンジの加熱解凍時間

## 豚肉とピーマンのみそ炒め

**材料（3〜4食分）**
- 豚ロース薄切り肉…120g
- 塩…少々
- かたくり粉…小さじ1
- ピーマン…3個
- A　みりん…小さじ1
- 　　みそ、砂糖…各小さじ½
- 　　水…大さじ1
- ごま油…小さじ1

**作り方**
1. 豚肉は細切りして、塩、かたくり粉をまぶす。ピーマンはヘタと種をのぞき、3cm長さの細切りにする。
2. フライパンにごま油を中火で熱し、豚肉を炒める。肉の色が変わったらピーマンを加えて炒める。
3. ピーマンがしんなりしたら、Aを加えて炒め合わせる。

❄ ¼〜⅓量ずつ保存容器に入れる　⏱ 1分30秒〜2分

ほんのり甘いみそ炒めは、ごはんがすすむ

## マーマレードチキン

**材料（3〜4食分）**
- 鶏もも肉…150g
- 塩…少々
- 小麦粉…大さじ½
- A　オレンジマーマレード、酒…各小さじ2
- 　　しょうゆ…小さじ½
- 油…小さじ1

**作り方**
1. 鶏もも肉は皮をのぞいて2cm角ほどに小さく切り、塩、小麦粉をまぶす。
2. フライパンに油を中火で熱し、1を入れて焼く。
3. 全面に焼き色がついたらAを加え、汁けがなくなるまで煮からめる。

❄ ¼〜⅓量ずつ保存容器に入れる　⏱ 1分30秒〜2分

酸味と甘みのバランスがちょうどよい

すりおろした れんこんを加えて、もっちり食感に

## れんこんハンバーグ

**材料（ミニサイズ6個・3食分）**
合いびき肉 … 120g
れんこん … 小1節（90g）
A ┌ 卵 … ½個
　├ 塩 … 少々
　└ パン粉 … 大さじ3
油 … 少々

**作り方**
1 ボウルに合いびき肉を入れ、れんこんをすりおろす。Aを加えてよく混ぜる。
2 1を6等分にして小判形にととのえる。
3 フライパンを中火で熱し、油を薄くひいて2を並べる。両面に焼き色をつけたら、水大さじ3〜4を加えてふたをし、4〜5分蒸し焼きにして中まで火を通す。

❄ 1個ずつラップで包み保存袋に入れる　⏱ 1分30秒〜2分

鉄やカルシウムがとれて栄養満点！

1歳半〜2歳の幼児食

## ほうれん草とひじきのハンバーグ

**材料（ミニサイズ6個・3食分）**
合いびき肉 … 120g
ほうれん草 … 1〜2株（30g）
芽ひじき（乾）… 3g
A ┌ 卵 … ½個
　├ 塩 … 少々
　└ パン粉 … 大さじ1½
B ┌ しょうゆ、みりん、酒、砂糖 … 各小さじ½
　├ コーンスターチ … 小さじ1
　└ 水 … 大さじ2
油 … 少々

**作り方**
1 ほうれん草は熱湯でゆでて水にさらし、水けをしぼって粗みじん切りにする。芽ひじきは水につけてやわらかく戻し、長ければ粗く刻む。
2 ボウルに合いびき肉、1、Aを入れてよく混ぜる。6等分にして小判形にととのえる。
3 フライパンを中火で熱し、油を薄くひいて2を並べる。両面に焼き色をつけたら、Bを加えて2分ほど煮からめる。

❄ 1個ずつラップで包み保存袋に入れる　⏱ 1分30秒〜2分

粉チーズをまぶすと子どもが喜ぶ味に

## ささみカツ

**材料（3〜4食分）**
鶏ささみ … 2本
塩 … 少々
卵 … ½個
A ┌ パン粉 … 大さじ5
　└ 粉チーズ … 大さじ1
小麦粉、揚げ油 … 各適量

**作り方**
1 鶏ささみは筋をのぞき、観音開きする。1本を2〜3等分に切る。
2 1に塩をふり、小麦粉、溶き卵、混ぜ合わせたAの順にまぶしつける。
3 揚げ油を中温に熱し、2をきつね色になるまで揚げる。油をきり、食べやすい大きさに切る。

❄ ¼〜⅓量ずつ保存容器に入れる　⏱ ラップはせずに1分30秒〜2分

## レンジシューマイ

### 材料（16個・4食分）
A［豚ひき肉 … 120g
　長ねぎ（みじん切り）… 10cm分
　卵 … ½個、塩 … 少々
　砂糖 … 小さじ¼、酒 … 小さじ1
　かたくり粉 … 大さじ½］
シューマイの皮 … 16枚
ホールコーン … 16粒

### 作り方
1 ボウルにAを入れてよく混ぜ、6cm四方に切ったシューマイの皮（切れ端はスープやみそ汁に入れても）で1/16量ずつ包み、コーンをのせる。
2 耐熱皿に1を並べ、水少々をふってラップをかけ、電子レンジで4分加熱する（ようすを見て、加熱時間を調節する）。

❄ 4個ずつ保存容器に入れる　⏱ 水少々をふり1分〜1分30秒

---

## 切り干し大根のそぼろ炒め

### 材料（4食分）
豚ひき肉 … 60g
切り干し大根 … 30g
にんじん … ¼本（30g）
A［だし汁 … 200mℓ
　しょうゆ、砂糖、みりん … 各大さじ½］
油 … 小さじ2

### 作り方
1 切り干し大根は水につけてもどし、2cm長さに切る。にんじんはみじん切りにする。
2 フライパンに油を中火で熱し、豚ひき肉を炒める。肉の色が変わったら1、Aを加え、汁けがとぶまで煮る。

❄ ¼量ずつ保存容器に入れる　⏱ 1分〜1分30秒

---

## 桜えび入り卵焼き

### 材料（3食分）
卵 … 2個
桜えび（みじん切り）… 大さじ2
砂糖 … 小さじ1
しょうゆ … 小さじ½
油 … 小さじ2〜大さじ1

### 作り方
1 ボウルに卵を溶きほぐし、砂糖、しょうゆ、桜えびを加えて混ぜ合わせる。
2 フライパンに半量の油を中火で熱し、1の半量を3回ほどに分けて流し入れ、卵焼きを作る。同様にして、もう一度卵焼きを作る。粗熱をとり、1つを6等分に切る。

❄ 4切れずつラップで包み保存袋に入れる　⏱ 1分〜1分30秒

ひと口大でフォークの練習がしやすい

細かく切って、そぼろにすると食べやすい

桜えびの代わりにしらすもおすすめ！

甘いしょうゆ味は
ごはんにぴったり

## さんまのかば焼き

**材料（4食分）**
さんま（3枚おろし）… 2尾分
しょうが汁 … 小さじ½
かたくり粉 … 適量
A [ しょうゆ、砂糖 … 各小さじ1
　　酒、みりん … 各小さじ2 ]
油 … 適量

**作り方**
1 さんまは2cm幅、3cm長さくらいに切り、しょうが汁、かたくり粉をまぶす。
2 フライパンに油を1cmほど入れて中火で熱し、1を揚げ焼きにして取り出し、油をきる。
3 フライパンをきれいにし、Aを合わせて中火にかける。煮立ったら2を加えてからめる。

❄ ¼量ずつ保存容器に入れる　⏱ 1分～1分30秒

---

さわら、たらなどでも
おいしく作れる

1歳半～2歳の幼児食

## かじきのカレー照り焼き

**材料（4食分）**
めかじき … 2切れ
塩 … 少々
かたくり粉 … 適量
A [ しょうゆ、砂糖 … 各小さじ½
　　カレー粉 … 小さじ⅛
　　酒 … 小さじ1
　　水 … 大さじ1 ]
油 … 小さじ2

**作り方**
1 めかじきは3cm長さ棒状に切って塩をふり、かたくり粉をまぶす。
2 フライパンに油を中火で熱し、1を並べて全面を焼きつける。Aを加え、汁けがなくなるまで煮からめる。

❄ ¼量ずつ保存容器に入れる　⏱ 1分～1分30秒

---

青のりの香りが
食欲をそそる

## さけの青のりひと口フライ

**材料（4食分）**
生ざけ … 2切れ
塩 … 少々
A [ 小麦粉 … 大さじ2
　　水 … 大さじ2 ]
B [ 青のり … 小さじ2
　　パン粉 … 大さじ7 ]
油 … 適量

**作り方**
1 生ざけは皮、骨をのぞいてひと口大に切る。塩をふり、混ぜ合わせたA、Bを順にまぶしつける。
2 揚げ油を中温に熱し、1をきつね色になるまで揚げる。

❄ ¼量ずつ保存容器に入れる　⏱ ラップはせずに1分30秒～2分

# たらのじゃがチーズ

**材料（12個・3食分）**

- 真だら … ½切れ
- じゃがいも … 大1個（150g）
- 油 … 大さじ1
- A [ かたくり粉、粉チーズ … 各大さじ½
      塩 … 小さじ¼ ]

**作り方**

1. じゃがいもは皮をむいてひと口大に切り、水からゆでる。ゆで汁をきってボウルに入れ、熱いうちにつぶす。
2. たらは骨、皮をのぞいてほぐし、1に加える。Aを加えて混ぜ合わせる。12等分にし、ひと口大の小判形にととのえる。
3. フライパンに油を中火で熱し、2を並べて両面がきつね色になるまで焼く。

❄ 4個ずつ保存容器に入れる　⏱ 1分～1分30秒

たら入りの洋風じゃがいもおかず

# まぐろのから揚げ

**材料（4食分）**

- まぐろの刺身 … 200g
- A [ しょうゆ、酒、ごま油 … 各小さじ1
      しょうが（すりおろし）… 小さじ½
      塩 … 少々 ]
- かたくり粉 … 適量
- 油 … 適量

**作り方**

1. まぐろはひと口大に切り、ポリ袋に入れてAを合わせ、30分ほどつける。汁けをきり、かたくり粉をまぶす。
2. 揚げ油を中温に熱し、1を揚げる。

❄ ¼量ずつ保存容器に入れる　⏱ 1分～1分30秒

刺身用のさくを使えば、骨の心配もいらない

# ぶりのハンバーグ

**材料（4～6個・3～4食分）**

- ぶり … 2切れ
- 長ねぎ … 10cm
- A [ 卵 … 1個
      塩 … 少々
      パン粉 … 50g ]
- 油 … 小さじ2～大さじ1

**作り方**

1. ぶりは皮と骨をのぞき、包丁でたたいてミンチ状にする。長ねぎはみじん切りにする。
2. ボウルに1、Aを合わせ、よく混ぜ合わせる。4～6等分にし、平たい円形にととのえる。
3. フライパンに油を中火で熱し、2を並べて両面に焼き色がつくまで焼く（火通りが心配なら、ふたをして弱火で蒸し焼きにする）。

❄ 1個ずつラップで包み保存袋に入れる　⏱ 1分～1分30秒

魚をハンバーグにするのもおすすめ！

缶詰で作れて便利。ごはんにかけて召し上がれ！

## さばのそぼろ

### 材料（4食分）
- さばの水煮（缶詰）… 120g
- にんじん（みじん切り）… 大さじ3
- しょうが（すりおろし）… 少々
- A
  - しょうゆ… 小さじ¼
  - 砂糖… 大さじ½
  - みりん… 小さじ1
  - 水… 大さじ2
- 油… 小さじ2

### 作り方
1. さばの水煮は骨、皮をのぞいてほぐす。
2. フライパンに油を中火で熱し、にんじん、しょうがを炒める。全体に油が回ったら、1を加えてさらに炒め、Aを加えて汁けがなくなるまで炒め煮にする。

❄ ¼量ずつ保存容器に入れる　⏲ 1分～1分30秒

---

お魚コーナーで3枚おろしにしてもらうのも手

1歳半～2歳の幼児食

## あじのマヨ天ぷら

### 材料（3～4食分）
- あじ（3枚おろし）… 2尾分
- A
  - 冷水… 大さじ3
  - マヨネーズ… 小さじ2
  - 小麦粉… 大さじ3
- 油… 適量
- 塩… 少々

### 作り方
1. あじは小骨をのぞき、食べやすい大きさに切る。
2. Aを混ぜ合わせる。
3. 揚げ油を中温に熱し、1を2にくぐらせてから入れ、カラリと揚げる。熱いうちに塩をふる。

❄ ¼～⅓量ずつ保存容器に入れる　⏲ 1分～1分30秒

---

小魚と大豆で栄養満点！

## じゃこ大豆

### 材料（4～5食分）
- ちりめんじゃこ… 15g
- 大豆の水煮（缶詰）… 150g
- ごま油… 小さじ1
- A
  - しょうゆ、砂糖… 各小さじ1
  - 酒、みりん… 各大さじ1
  - 水… 50mℓ

### 作り方
1. フライパンにごま油を中火で熱し、ちりめんじゃこを炒める。カリカリになったら大豆、Aを加え、汁けがなくなるまで煮る（煮汁が足りなくなったら水を足し、大豆がやわらかくなるまで煮る）。

❄ ⅕～¼量ずつ保存容器に入れる　⏲ 1分30秒～2分

# フリージングできる単品レシピ
# 野菜・豆・海藻のプチおかず

Vegetables & Beans

1歳半〜2歳の幼児食

メインおかずを栄養的にサポートする、野菜・豆・海藻の副菜を紹介します。食感や味つけに変化をつけて、いろいろな食材を体験させてあげましょう。

❄…フリージング方法　⏱…電子レンジの加熱解凍時間

## キャベツの塩昆布あえ

**材料（4食分）**
キャベツ … 1/6個（150g）
塩昆布（無添加）… 4g

**作り方**
1 キャベツは1cm四方に切り、熱湯でやわらかくゆでる。ゆで汁をきって、塩昆布と混ぜ合わせる。

❄ 1/4量ずつ保存容器に入れる　⏱ 1分〜1分30秒

ゆでた野菜を塩昆布であえるだけ！

## オクラのごまあえ

**材料（4食分）**
オクラ … 15本
塩 … 少々

A｜白すりごま … 小さじ2
　｜砂糖、しょうゆ … 各小さじ1/2

**作り方**
1 オクラは塩でこすってうぶ毛をとり、水で洗って塩を落とす。熱湯でゆで、7〜8mm厚さの輪切りにする。
2 ボウルにAを合わせ、1を加えて混ぜ合わせる。

❄ 1/4量ずつ保存容器に入れる　⏱ 1分〜1分30秒

細かく切るとねばりが出て食べやすい

## れんこんのカレーきんぴら

シャキシャキとした食感が楽しい

**材料（4食分）**
れんこん … 大1節（150g）
A ┃ だし汁 … 100mℓ、カレー粉 … 小さじ¼
　┃ 塩 … 小さじ⅛、酒 … 小さじ1
油 … 小さじ2

**作り方**
1 れんこんは皮をむき、薄いいちょう切りにして5分ほど酢水（分量外）にさらし、ざるに上げて水けをきる。
2 フライパンに油を中火で熱し、1を炒める。れんこんが透き通ってきたらAを加え、汁けがなくなるまで炒め煮にする。

❄ ¼量ずつ保存容器に入れる　⏲ 1分〜1分30秒

## にんじんのグラッセ

かわいい形に思わず手がのびる！

1歳半〜2歳の幼児食

**材料（4〜5食分）**
にんじん … 小1本（100g）
A ┃ バター … 5g
　┃ 塩 … 少々
　┃ 砂糖 … 小さじ1

**作り方**
1 にんじんは1cm厚さの輪切りにし、好みのクッキー型で抜く。
2 耐熱容器に1、Aを入れてラップをかけ、電子レンジで2分加熱する（ようすを見ながら、やわらかくなるまで加熱する）。

❄ ⅕〜¼量ずつ保存容器に入れる　⏲ 1分〜1分30秒

## なすとパプリカのみそ炒め

みそを使うと、少量でも味に深みが出る

**材料（4食分）**
なす … 2本（200g）
パプリカ（赤・オレンジ）… 各½個
油 … 小さじ2〜大さじ1
A ┃ みそ、砂糖 … 各小さじ½
　┃ みりん … 小さじ1
　┃ 水 … 大さじ2

**作り方**
1 なすは小さめの乱切りにし、水に5分ほどつけてアクをとり、水けをきる。パプリカは1cm四方に切る（なすやパプリカの皮が苦手なようなら、ピーラーでむいてから切る）。
2 フライパンに油を中火で熱し、なすを炒める。しんなりしてきたらパプリカを加えて炒め合わせ、Aを加えて汁けがなくなるまで炒め煮にする。

❄ ¼量ずつ保存容器に入れる　⏲ 1分30秒〜2分

# かぼちゃといろいろ豆の甘煮

豆を加えて食感に
アクセントを

### 材料（4食分）
- かぼちゃ … 1/16個（100g）
- ミックスビーンズ（ドライパック） … 50g
- A
  - 砂糖、みりん … 各小さじ1
  - しょうゆ … 小さじ1/2
  - 水 … 50ml

### 作り方
1. かぼちゃは種とわたをのぞき、1.5cm角に切る。
2. 耐熱容器に1、ミックスビーンズ（大きなものは粗く刻む）、Aを入れ、ラップをかけて電子レンジで2分加熱する。一度取り出してひと混ぜし、さらに2分加熱する（ようすを見て、豆がやわらかくなるまで加熱する）。

❄ 1/4量ずつ保存容器に入れる　⏱ 水少々をふり1分～1分30秒

---

# なすの照り焼き

かたくり粉をまぶすと、
味がよくからむ

### 材料（4食分）
- なす … 1・1/2本（150g）
- かたくり粉 … 大さじ1
- A
  - 砂糖 … 小さじ1
  - しょうゆ … 小さじ2/3
  - 水 … 大さじ3
- 油 … 小さじ2

### 作り方
1. なすは1cm厚さの半月切りにして、水に5分ほどつけてアクをとる。ざるに上げ、キッチンペーパーで水けをとり、かたくり粉をまぶす。
2. フライパンに油を中火で熱し、1を並べて両面を焼く。Aを加えてからませる。

❄ 1/4量ずつ保存容器に入れる　⏱ 1分～1分30秒

---

# ひじきといんげんのツナサラダ

和食にも洋食にも
合わせやすい

### 材料（4食分）
- 芽ひじき（乾） … 4g
- さやいんげん … 10本
- ツナ（水煮缶） … 大さじ1
- A
  - マヨネーズ … 小さじ1
  - しょうゆ … 小さじ1/2

### 作り方
1. 芽ひじきは水につけてもどし、熱湯でやわらかくゆでる。さやいんげんも熱湯でやわらかくゆで、1cm幅に切る。
2. ボウルに1、ツナを合わせ、Aを加えて混ぜ合わせる。

❄ 1/4量ずつ保存容器に入れる　⏱ 1分～1分30秒

60

*海藻類も気軽に食卓にのせたい*

## わかめと大根のナムル

### 材料（4食分）
わかめ（乾）… 5g
大根 … 3cm（120g）
A [ 白すりごま … 大さじ1
　　ごま油 … 小さじ1
　　塩 … 小さじ1/8弱 ]

### 作り方
1 わかめは水につけてもどし、粗みじん切りにする（わかめは大きいと、気管をふさぐ恐れがあるので気をつける）。大根は皮をむき、ピーラーで薄切りにしてから熱湯でゆで、さらに小さく切る。
2 1を合わせ、Aを加えて混ぜ合わせる。

❄ 1/4量ずつ保存容器に入れる　⏱ 1分〜1分30秒

---

*豆の甘みがかむのを楽しくする*

*1歳半〜2歳の幼児食*

## キャベツと大豆のコンソメ煮

### 材料（4食分）
キャベツ … 大1枚（80g）
大豆の水煮（缶詰）… 100g
塩 … 少々
A [ 水 … 150ml
　　顆粒コンソメ（無添加）… 小さじ1/2 ]

### 作り方
1 キャベツは小さめのざく切りにする。
2 小鍋に1、大豆、Aを合わせて中火にかけ、煮立ったらやや火を弱め、キャベツがくたっとするまで煮る。塩で味をととのえる。

❄ 1/4量ずつ汁ごと保存容器に入れる　⏱ 1分〜1分30秒

---

*舌ざわりがなめらかで食べやすい*

## しいたけとほうれん草の白あえ

### 材料（4食分）
しいたけ … 4枚
ほうれん草 … 1/3束（100g）
絹ごし豆腐 … 100g
A [ みそ、しょうゆ、白ねりごま … 各小さじ1/2
　　砂糖 … 小さじ1 ]

### 作り方
1 しいたけは軸をのぞき、3cm長さの薄切りする。ラップで包み、電子レンジで2分加熱する。ほうれん草はゆでて水にとり、水けをしぼって2cm長さに切る。
2 豆腐は耐熱皿にのせ、ラップはせずに電子レンジで40秒加熱する。水けをきってボウルに入れてつぶし、Aを加えて混ぜる。
3 2に1を加えて混ぜ合わせる。

❄ 1/4量ずつ保存容器に入れる　⏱ 1分〜1分30秒

## ブロッコリーのカレーフリッター

**材料（4食分）**
ブロッコリー … ¼個（100g）
油 … 適量

A
- 小麦粉 … 大さじ3
- カレー粉 … 小さじ⅓
- 溶き卵 … 大さじ2
- 塩 … 少々、水 … 大さじ1½

**作り方**
1 ブロッコリーは小房に切り分け、熱湯でゆでる。ざるに上げ、水けをしっかりきる。
2 ボウルにAを混ぜ合わせる。
3 揚げ油を中温に熱し、1を2にくぐらせて入れ、カラリと揚げる。

❄ ¼量ずつ保存容器に入れる　⏲ ラップはせずに1分〜1分30秒

カレーの香りで食欲増進！

---

## ひじきの豆腐そぼろカレー炒め

**材料（4食分）**
木綿豆腐 … 160g
芽ひじき（乾）… 3g

A
- カレー粉、顆粒コンソメ（無添加）… 各小さじ¼
- 砂糖、みりん … 各小さじ1

塩 … 少々

**作り方**
1 芽ひじきは水につけてもどし、粗く刻む。
2 フライパンに豆腐を入れて中火にかけ、水分をとばしながら炒める。ぽろぽろになったら、水けをきった1を加えて一緒に炒める。水分がとんだらAを加えて1〜2分炒め、塩で味をととのえる。

❄ ¼量ずつ保存容器に入れる　⏲ 1分〜1分30秒

カレーの風味がほんのりアクセントに

---

## ツナわかめ

**材料（4食分）**
わかめ（乾）… 8g
ツナ（水煮缶）… ½缶（35g）

A
- だし汁 … 大さじ2
- しょうゆ … 小さじ½

**作り方**
1 わかめは水につけてもどし、粗みじん切りにする（わかめは大きいと、気管をふさぐ恐れがあるので気をつける）。
2 小鍋に1、汁けをきったツナ、Aを合わせて中火にかけ、汁けがなくなるまで煮る。

❄ ¼量ずつ保存容器に入れる　⏲ 1分〜1分30秒

だし汁を加えて、しっとり仕上げる

小さなお好み焼き。おやつにもおすすめ！

## キャベツとねぎの落とし焼き

**材料（約12枚・4～6食分）**
キャベツ … 1～2枚（100g）
長ねぎ … 10cm
桜えび … 大さじ2
A [ 小麦粉 … 大さじ1
　　卵 … 2/3個
　　塩 … 少々 ]
ごま油 … 小さじ2～大さじ1

**作り方**
1 キャベツと桜えびは粗みじん切りに、長ねぎはみじん切りする。
2 ボウルにAを混ぜ合わせ、1を加えてさっくり混ぜる。
3 フライパンにごま油を中火で熱し、2をスプーンですくって落とし（約12等分にし）、両面をこんがりと焼く。

❄ 2～3枚ずつラップで包み保存袋に入れる　⏱ 1分～1分30秒

もちもちとした食感がおいしい

1歳半～2歳の幼児食

## 大根もち

**材料（約12枚・4～6食分）**
大根 … 4cm（150g）
桜えび（みじん切り） … 大さじ1
A [ 塩 … 小さじ1/8
　　かたくり粉、水 … 各大さじ1 ]
B [ しょうゆ、砂糖 … 各小さじ1
　　みりん、酢 … 各大さじ1/2
　　水 … 大さじ2 ]
油 … 大さじ1

**作り方**
1 大根はせん切りスライサーで極細切りにする。
2 ボウルに1、桜えび、Aを入れて混ぜ合わせる。
3 フライパンに油を中火で熱し、2をスプーンですくって落とし（約12等分にし）、両面をこんがりと焼く。Bを加えてからめる。

❄ 2～3枚ずつラップで包み保存袋に入れる　⏱ 1分～1分30秒

ぱくぱく食べられて、子どもに人気

## ひじきとじゃがいものおやき

**材料（16個・4食分）**
芽ひじき（乾） … 3g
じゃがいも … 2個（200g）
A [ 塩 … 小さじ1/5
　　かたくり粉 … 小さじ2 ]
B [ しょうゆ … 小さじ1/2
　　砂糖 … 小さじ1
　　水 … 50ml ]
油 … 大さじ1

**作り方**
1 芽ひじきは水につけてもどし、粗く刻む。
2 じゃがいもは皮をむいてひと口大に切り、水からゆでる。ゆで汁をきってボウルに入れ、熱いうちにつぶす。Aを加えてよく混ぜてから、1を混ぜ合わせる。1/16量ずつ小さめの小判形にまとめる。
3 フライパンに油を中火で熱し、2を並べて焼く。両面にこんがりと焼き色がついたら、Bを加えてからめる。

❄ 4個ずつ保存容器に入れる　⏱ 1分～1分30秒

# フリージングできる単品レシピ
# ごはん・めん・パンのメニュー

1歳半〜2歳の幼児食

味つきのごはんや、めんやパンのメニューは子どもに人気があります。時間があるときに少し多めに作って冷凍しておけば、朝ごはんやお昼ごはんにも活躍します。

Rice & Noodle & Bread

❄…フリージング方法　🕐…電子レンジの加熱解凍時間

さっぱりおいしいケチャップごはん

生ざけを使って、うす味に仕上げる

## チキントマトピラフ

**材料（4〜5食分）**
- 米 … 1合
- 鶏むね肉 … 100g
- 塩 … 少々
- 酒 … 大さじ½
- 玉ねぎ … ¼個（50g）
- さやいんげん … 4本
- A
  - トマトケチャップ … 大さじ2
  - 顆粒コンソメ（無添加）… 小さじ½
- バター … 5g

**作り方**
1. 米は水洗いし、ざるに上げる。
2. 鶏むね肉は小さく切り、塩、酒をふる。玉ねぎはみじん切りにする。さやいんげんは1cm幅に切る。
3. 炊飯器の内釜に1、Aを入れ、目盛りまで水加減する。米の上に2、バターをのせ、炊飯器で普通に炊く。炊き上がったら、全体をふっくらと混ぜ合わせる。

❄ ⅕〜¼量ずつラップで包み保存袋に入れる　🕐 2分〜2分30秒

## さけの炊き込みごはん

**材料（4〜5食分）**
- 米 … 1合
- 生ざけ … 1切れ
- 塩 … 少々
- えのきだけ … 80g
- A
  - だし汁 … 200ml
  - 酒 … 大さじ½
  - しょうゆ … 小さじ1
  - 塩 … 小さじ⅛

**作り方**
1. 米は水洗いし、ざるに上げる。
2. 生ざけは塩をふって5分ほどおき、出てきた水分をふき取る。えのきだけは根元を落とし、2〜3cm長さに切る。
3. 炊飯器の内釜に1、Aを入れ、米の上に2をのせ、炊飯器で普通に炊く。炊き上がったら、さけの骨、皮をのぞき、全体をふっくらと混ぜ合わせる。

❄ ⅕〜¼量ずつラップで包み保存袋に入れる　🕐 2分〜2分30秒

えびのうまみがきいた やさしいカレー味

**POINT**
えびは米と一緒に炊かないほうが固くなりません。

## えびのカレーピラフ

**材料（4〜5食分）**
米 … 1合
むきえび … 小20尾
かたくり粉 … 小さじ2
玉ねぎ … ¼個（50g）
枝豆（ゆでて薄皮をのぞいたもの）
　　… 20粒

A ┃ 水 … 200㎖
　┃ しょうゆ … 小さじ1
　┃ カレー粉 … 小さじ½
　┃ 塩 … 小さじ⅙
バター … 5g

**作り方**
1 米は水洗いし、ざるに上げる。
2 えびはかたくり粉をふってよくもみ、水洗いする。熱湯でゆでてざるに上げ、大きければ食べやすく切る。
3 玉ねぎはみじん切りする。
4 炊飯器の内釜に1、Aを入れ、米の上に3、バターをのせ、炊飯器で普通に炊く。炊き上がったら、2、枝豆を加えて全体をふっくらと混ぜ合わせる。

❄ ⅕〜¼量ずつラップで包み保存袋に入れる　⏱ 2分〜2分30秒

# 根菜と油揚げの混ぜごはん

### 材料（4食分）
れんこん … 小⅓節（30g）
にんじん … 2cm（20g）
油揚げ（油抜き済）… ½枚
A ｜ しょうゆ、酒、砂糖、みりん … 各小さじ1
　｜ 水 … 大さじ1
白飯 … 320～400g

### 作り方
1 れんこんは皮をむいて粗みじん切りにし、酢水（分量外）に5分ほどさらしてからざるに上げ、水けをきる。耐熱皿に広げ、ラップをかけずに電子レンジで2分加熱する。
2 にんじんはみじん切りにする。油揚げは6～7mm角に切る。
3 1に2、Aを加え、ラップをかけてさらにレンジで2分加熱する。白飯と混ぜ合わせる。

※ ¼量ずつラップで包み保存袋に入れる　⏱ 2分～2分30秒

具だけを別に冷凍しておいてもOK

---

# 焼きうどん

### 材料（4食分）
ゆでうどん … 1玉半
豚薄切り肉 … 120g
玉ねぎ … ¼個（50g）
にんじん … 小½本（50g）
キャベツ … 大1枚（80g）
だし汁 … 大さじ3
しょうゆ … 小さじ1
削り節 … 少々
ごま油 … 小さじ2

### 作り方
1 豚肉は2cm幅に切る。玉ねぎは2cm長さの薄切りに、にんじんは短冊切りに、キャベツは小さめのざく切りにする。
2 うどんは熱湯でさっとゆで、ざるに上げ、⅓～½長さに切る。
3 フライパンにごま油を中火で熱し、1を炒める。肉の色が変わったら、だし汁を加える。汁けがなくなり野菜がしんなりしたら、2、しょうゆ加えて炒め合わせる。削り節をふる。

※ ¼量ずつ保存容器に入れる　⏱ 2分～2分30秒

つるつるっと食べるのが楽しくなる

---

# そぼろうどん

### 材料（4食分）
A ｜ 鶏ひき肉 … 80g
　｜ しょうゆ、砂糖、みりん … 各小さじ½
さやいんげん … 5本
B ｜ 卵 … 1個
　｜ 塩 … ひとつまみ
油 … 小さじ1
ゆでうどん（1食分）… ⅓～½玉
だし汁、しょうゆ … 各少々

### 作り方
1 耐熱ボウルにAを入れて混ぜ合わせ、ラップをかけて電子レンジで1分30秒加熱する。一度かき混ぜ、さらに20～30秒加熱する。
2 さやいんげんは熱湯でやわらかくゆで、1cm幅の輪切りにする。
3 フライパンに油を中火で熱し、混ぜ合わせたBを入れ、炒り卵を作る。
4 （すぐ食べる場合）1、2、3の¼量ずつを、ゆでて⅓～½長さに切ったうどんにのせる。だし汁、しょうゆをかけ、よく混ぜて食べる。

※ 具を各¼量ずつラップで包み保存袋に入れる　⏱ 各40秒～1分

具をのせるだけで彩りがきれいに

## ミルクミートマカロニ

牛乳を加えてやさしい味に

### 材料（4〜5食分）
マカロニ（乾）… 100g
合いびき肉 … 90g
玉ねぎ … ¼個（50g）
にんじん … 小½本（50g）
オリーブ油 … 小さじ2

A[
トマトの水煮（缶詰）… 200g
水 … 70ml
トマトケチャップ … 大さじ1
砂糖 … 小さじ2
塩 … 小さじ¼
]
牛乳 … 100ml

### 作り方
1 玉ねぎ、にんじんはみじん切りにする。
2 マカロニは熱湯で表示通りにゆでる。
3 フライパンにオリーブ油を中火で熱し、1を入れて炒める。しんなりしてきたら合いびき肉を加え、ぽろぽろになったらA（トマトの水煮はよくつぶす）を加えて5〜6分煮る。
4 牛乳を加えて軽く煮詰めたら、2を加えてひと混ぜする。

❄ ⅕〜¼量ずつ保存容器に入れる　⏱ 2分〜2分30秒

---

## 豆乳ツナパスタ

マイルドな味わいでつるんと食べやすい

1歳半〜2歳の幼児食

### 材料（4〜5食分）
スパゲッティ（乾）… 100g
ツナ（水煮缶）… ½缶（35g）
しめじ … 80g
玉ねぎ … ¼個（50g）

A[
卵 … ½個
粉チーズ … 大さじ1
豆乳 … 小さじ2
]
塩 … 少々
油 … 小さじ2

### 作り方
1 しめじは石づきをのぞき、2cm長さに刻む。玉ねぎは2〜3cm長さの薄切りにする。
2 スパゲッティは半分に折り、熱湯で表示より長めにゆでる。
3 フライパンに油を中火で熱し、1を炒める。しめじがしんなりしたらツナを加えて炒め合わせる。水けをきった2を加え、混ぜ合わせたAを加える。とろみがつくまで煮たら、塩で味をととのえる。

❄ ⅕〜¼量ずつ保存容器に入れる　⏱ 2分〜2分30秒

---

## フレンチトースト

バターで焼くと風味が増しておいしい

### 材料（3〜4食分）
食パン（8枚切り）… 1枚半
A[ 卵 … 1個、牛乳 … 100ml ]
バター … 12g

### 作り方
1 食パンは1枚を4〜6等分の食べやすいサイズに切る。
2 ボウルにAを合わせ、1をつける。
3 フライパンにバターを中火で熱し、2を並べ、卵に火が通り両面に焼き色がつくまで焼く。

❄ ¼〜⅓量ずつラップで包み保存袋に入れる　⏱ 1分〜1分30秒

## フリージングできる単品レシピ
# 汁・スープのメニュー

**1歳半〜2歳の幼児食**

具だくさんの汁やスープは冷凍しておくととても便利。
汁ものは食欲がないときにも食べやすく、めんやパスタを加えるアレンジもできます。

Soup

❄…フリージング方法　⏱…電子レンジの加熱解凍時間

## 野菜のクリームスープ

**材料（4〜5食分）**
- ブロッコリー … 1/5個（80g）
- にんじん … 1/3本（40g）
- 玉ねぎ … 1/4個（50g）
- グリーンアスパラガス … 3本
- 小麦粉 … 大さじ1
- A　水 … 200ml
　　顆粒コンソメ（無添加） … 小さじ1/2
- 牛乳 … 200ml
- 塩 … 少々
- バター … 8g

**作り方**
1. ブロッコリーは小房に分け、熱湯で下ゆでする。にんじん、玉ねぎは7mm角に、アスパラガスは下半分の皮をむいて7mm幅に切る。
2. 鍋にバターを中火で熱し、にんじん、玉ねぎを炒める。しんなりしてきたらアスパラガス、小麦粉を順に加えて炒め、Aを加えて煮る。野菜がやわらかくなったらブロッコリー、牛乳を加えてひと煮立ちさせ、塩で味をととのえる。

❄ 1/5〜1/4量ずつ保存容器に入れる　⏱ 2分〜2分30秒（途中ようすを見て調節）

野菜たっぷり栄養満点！

## えびと里いものチャウダー

**材料（4〜5食分）**
- むきえび … 6〜8尾
- かたくり粉 … 小さじ1
- 里いも … 2個（100g）
- 玉ねぎ … 1/4個（50g）
- 小麦粉 … 大さじ1
- 水、牛乳 … 各200ml
- 塩 … 小さじ1/4強
- バター … 8g

**作り方**
1. えびはかたくり粉をふってよくもみ、水洗いして1〜2cmに切る。
2. 里いもは皮をむいて1cm角に切り、玉ねぎはみじん切りにする。
3. 鍋にバターを中火で熱し、2を炒める。玉ねぎがしんなりしてきたら小麦粉を加え、全体に小麦粉がなじんだら分量の水を加えて煮る。里いもがやわらかくなったら1、牛乳を加えてひと煮立ちさせ、塩で味をととのえる。

❄ 1/5〜1/4量ずつ保存容器に入れる　⏱ 2分〜2分30秒（途中ようすを見て調節）

ねっとりとした里いもの食感がおいしい

こんにゃくと豆腐は入れずに作るのがコツ

## けんちん汁

### 材料（4～5食分）
里いも … 2個（100g）
にんじん … ¼本（30g）
大根 … 1cm弱（30g）
ごぼう … 15cm（30g）
油揚げ（油抜き済）… 1枚
だし汁 … 400ml
みそ … 小さじ2～大さじ1

### 作り方
1 里いもは皮をむき、小さめのいちょう切りにする。にんじん、大根も同様に切る。ごぼうはささがきにする。油揚げは短めの短冊切りにする。
2 鍋にだし汁、1を入れて中火にかけ、煮立ったら火をやや弱めて煮る。野菜がやわらかくなったら、みそを溶き入れ、ひと煮する。

❄ ⅕～¼量ずつ保存容器に入れる　⏱ 2分～2分30秒（途中ようすを見て調節）

---

ほんのり甘さが感じられて食べやすい

1歳半～2歳の幼児食

## ほうれん草とおいものみそ汁

### 材料（4食分）
ほうれん草 … 2～3株（50g）
さつまいも … 小½本（100g）
A[ 削り節 … 2g
　 みそ … 小さじ4 ]

### 作り方
1 ほうれん草はゆでて水にとり、水けをしぼって2cm長さに切る。
2 さつまいもは薄いいちょう切りにし、やわらかくなるまでゆでる。
3 Aを混ぜ合わせる。
4 （すぐ食べる場合）1、2、3のそれぞれ¼量を器に入れ、熱湯100mlをそそいで混ぜる。

❄ 1～3を各¼量ずつラップで包み保存袋に　⏱ 10～20秒加熱後、熱湯をそそぐ

---

豆乳とみそは相性抜群！マイルドなみそ汁に

## 白菜とハムの豆乳みそ汁

### 材料（4～5食分）
白菜 … 3～4枚（180g）
ハム … 2枚
だし汁 … 200ml
豆乳 … 200ml
みそ … 小さじ2

### 作り方
1 白菜は葉は小さめのざく切りに、芯は2cm長さの細切りにする。ハムは細切りにする。
2 小鍋にだし汁と1を入れて中火にかける。煮立ったら少し火を弱め、白菜がくたくたになるまで煮る（途中で水分が少なくなったと感じたら、水を少量足す）。豆乳を加え、みそを溶き入れてひと煮し、火を止める。

❄ ⅕～¼量ずつ保存容器に入れる　⏱ 2分～2分30秒（途中ようすを見て調節）

# たっぷり野菜のトマトスープ

トマトのうまみで野菜がおいしくなる

**材料（4～5食分）**
- にんじん … 1/3本（40g）
- 玉ねぎ … 1/4個（50g）
- キャベツ … 1枚（60g）
- グリーンアスパラガス … 2本
- A
  - 水 … 300ml
  - 顆粒コンソメ（無添加）… 小さじ1
  - トマトの水煮（缶詰）… 200g
- 塩 … 少々

**作り方**
1. にんじん、玉ねぎ、キャベツは7mm角に切る。アスパラガスは下から半分はピーラーで皮をむき、7mm幅の輪切りする。
2. 鍋に1とA（トマトの水煮はよくつぶす）を入れて中火にかけ、野菜がやわらかくなるまで煮る。塩で味をととのえる（トマトの酸味が強いようなら、砂糖を少量加えて味をととのえる）。

❄ 1/5～1/4量ずつ保存容器に入れる　⏲ 2分～2分30秒（途中ようすを見て調節）

---

# さつまいものポタージュ

さつまいもの甘みは子どもに人気！

**材料（4～5食分）**
- さつまいも … 1/2本（120g）
- 玉ねぎ … 1/4個（50g）
- オリーブ油 … 小さじ2
- A
  - 水 … 200ml
  - 顆粒コンソメ（無添加）… 小さじ1/2
- 牛乳 … 200ml
- 塩 … 少々

**作り方**
1. さつまいもは皮をむいてひと口大に切る。玉ねぎは薄切りにする。
2. 鍋にオリーブ油を中火で熱し、玉ねぎを炒める。玉ねぎがしんなりしたらさつまいも、Aを加えて5～6分煮る。さつまいもがやわらかくなったら火を止めて（やわらかくなる前に水分がなくなったら、水を少し足す）、ブレンダーで撹拌する。
3. 再び中火にかけて牛乳を加え、ひと煮する。塩で味をととのえる。

❄ 1/5～1/4量ずつ保存容器に入れる　⏲ 2分～2分30秒（途中ようすを見て調節）

---

# ほうれん草のクリームスープ

パスタソースとしても使えて便利

**材料（4～5食分）**
- ほうれん草 … 1/3束（100g）
- ベーコン … 1枚
- 玉ねぎ … 1/4個（50g）
- 小麦粉 … 大さじ1
- 水 … 100ml
- 牛乳 … 200ml
- 塩 … 少々
- バター … 8g

**作り方**
1. ほうれん草はゆでて水にとり、水けをしぼって2～3cm長さに切る。
2. ベーコンは細切りにする。玉ねぎはみじん切りにする。
3. 鍋にバターを中火で熱し、2を炒める。玉ねぎがしんなりしたら小麦粉を加えて炒める。全体に小麦粉がなじんだら、1、分量の水を加えて1～2分煮て、牛乳を加えてさらに煮る。とろみがつくまで煮たら、塩で味をととのえる。

❄ 1/5～1/4量ずつ保存容器に入れる　⏲ 2分～2分30秒（途中ようすを見て調節）

## 小松菜と里いものポタージュ

**材料（4〜5食分）**
小松菜 … 1/3束（100g）
里いも … 2〜3個（120g）
塩 … 小さじ1/4
A[ 水 … 200ml
　　顆粒コンソメ（無添加）… 小さじ1/2 ]
牛乳 … 200ml

**作り方**
1 小松菜はゆでて水にさらし、水けをしぼって2cm長さに切る。
2 里いもは皮をむき、薄いいちょう切りにする。
3 鍋にAと2を入れて中火にかけ、里いもがやわらかくなったら1を加える。小松菜がやわらかくなったら火を止めて、ブレンダーで撹拌する。
4 再び中火にかけて牛乳を加え、ひと煮する。塩で味をととのえる。

❄ 1/5〜1/4量ずつ保存容器に入れる　⏲ 2分〜2分30秒（途中ようすを見て調節）

ぽったりとした食感も
おいしさのうち

---

## にんじんのポタージュ

**材料（4〜5食分）**
にんじん … 1/2本（60g）
玉ねぎ … 1/4個（50g）
油 … 小さじ2
バター … 8g
A[ 水 … 200ml
　　顆粒コンソメ（無添加）… 小さじ1/2 ]
牛乳 … 150ml
塩 … 小さじ1/6

**作り方**
1 にんじんはすりおろす。玉ねぎはみじん切りにする。
2 鍋に油を中火で熱し、玉ねぎを炒める。しんなりしたら、バター、すりおろしたにんじんを加えて1分ほど炒める。Aを加えて7〜8分煮たら、牛乳を加えてひと煮する。塩で味をととのえる。

❄ 1/5〜1/4量ずつ保存容器に入れる　⏲ 2分〜2分30秒（途中ようすを見て調節）

すりおろして作る簡単レシピ！

1歳半〜2歳の幼児食

---

## 玉ねぎのカレースープ

**材料（4〜5食分）**
玉ねぎ … 3/4個（150g）
ベーコン … 1枚
水 … 300ml
カレー粉 … 小さじ1/2
塩 … 小さじ1/4
オリーブ油 … 小さじ2

**作り方**
1 玉ねぎは薄切りにする。ベーコンは細切りにする。
2 鍋にオリーブ油を中火で熱し、玉ねぎを炒める。しんなりしたらベーコンを加えて炒める。全体に油が回ったら、分量の水を加えて4〜5分煮る。塩、カレー粉を加えてひと煮する。

❄ 1/5〜1/4量ずつ保存容器に入れる　⏲ 2分〜2分30秒（途中ようすを見て調節）

ほんのりカレー味にして変化をつける

\川口先生に聞く!/

# 幼児食の
# お悩み Q&A

**1歳半～2歳の場合**

幼児食になると離乳食に比べて食べる分量も増えてきますし、子どもの成長とともに、食事がらみのいろいろな悩みも出てきます。そこで日ごろから気になっているお悩みの解決法を、川口先生に教えていただきました。

## Q3 食事にかかる時間についてです。だらだら食べで1時間かかるときもあって、途中で切り上げたほうがよいのか、それとも完食することを優先したほうがよいのか迷っています。

**A** 1時間はかかりすぎですね。まず食べる環境はととのっていますか？ おもちゃが見えるところにあったり、テレビがついたままになっていたりしていませんか？ ひとりで食べさせたりしていませんか？ 家族も一緒に食べていると、子どもの食欲もすすみます。食べていないようなら「あら、もうごちそうさまかな？」と聞いてみたり、何度か促したのちに下げるのもいいと思います。完食ばかりをめざさず、ようすを見て切り上げるといいでしょう。

## Q1 スプーンですくおうとするがうまくすくえない。コツはありますか？

**A** お皿をかたむけるサポートしてあげてください。スプーンのほうを持つと、子どももストレスに感じて自分でやりたいという反発が出てしまいます。スプーンではなくお皿を、向きを考えながら動かしてあげるのがポイントです。口触りは木のスプーンがとてもいいのですが、あまり厚みがあるとすくいにくいことも。ご家庭にあるスプーンでいろいろ試してみてもいいかもしれませんね。使いやすいスプーンだと、子どもの食べたい気持ちを応援してくれます。

## Q4 好き嫌いが激しく、一度いやだと思ったものは頑として食べてくれません。

**A** 大切なことは「無理強いをしない」ことだと思います。いつか何かのきっかけで食べるようになります。たとえばわが家は青ねぎが苦手でしたが、お友だちがおいしそうに食べているのを見て、食べるようになりました。保育園や幼稚園では、お友だちと一緒に食べる機会があります。それまでは少し待ってみてもいいかもしれません。「○○ちゃんはこれが苦手！」と決めつけないことが大切です。ときどき何げなく出してみてください。あくまでもときどきね。料理法を変えると食べることもありますよ。

## Q2 おなかがすくとかんしゃくを起こし、ごはんの時間まで待てません。ついつい食事前に個包装のチーズなどを与えてしまうのですが、どうするのがよいでしょうか。

**A** お菓子をあげるより、チーズなどはよいと思います。私もあげることありますよ！ ただ、食べ過ぎには気をつけて、「もう1個！」とおねだりしてくる場合には、小さいおにぎりなどに変えてもいいでしょう。何回か続く場合には、ごはんの時間の変更を考えてみて。帰宅してすぐにごはんが食べられるよう、朝のうちに仕込んでおいたり、週末にフリージングしておくなどの工夫をしてみましょう。

Column 1

## Q8 いったんは口に入れるのに、べーっと出してしまいます。おいしくないのでしょうか?

**A** 口から出してしまう理由は、味だけではありません。案外見過ごされてしまうのが、食感。かたすぎたり、ぼそぼそしていたりすると出してしまうので、少しやわらかいものと混ぜてあげるといいかもしれません。子どもが出したものを観察してみると、皮があるものが多かったり、かみきれない大きさだったりと、何か傾向がつかめるかもしれませんね。

## Q9 食事の途中で遊び出してしまいます。落ち着いて食べてくれないのはどうしたらいい?

**A** まず、その場におもちゃなどがないかどうか、(目に見えるところにないかどうか)、テレビなどがついていないかを確認しましょう。「この時間はごはんを食べる」ということがわかるように、大人やきょうだいも一緒に席について食べましょう。どうしてもお母さんはバタバタしてしまうのですが(私もそうです)、ゆっくり座って一緒に食べると、お子さんもその重要性がわかるでしょう。

おもちゃが見えると落ち着かないの

## Q5 野菜嫌いで、栄養のバランスが悪くなりそうで心配。

**A** 野菜嫌いと決めているのは親のほうではありませんか? ポテトフライは食べたりしませんか? フライドごぼうは? もちろん揚げ物は幼児には好ましくありませんが、たとえば、おやつに揚げない野菜チップスはどうでしょう。れんこんやさつまいもなどを薄切りにして、少し水けをきってからオーブントースターで8分ほど焼くと、野菜チップスができます。あとは野菜スティックのような、ディップにつけるという1ステップがあるものだと、面白くてついつい食べてしまうことも。好きな料理からヒントを得て、それを野菜に変えてみませんか?

## Q6 手づかみで食べているのを注意しなくてもいい?

**A** 赤ちゃんは、手でつかむことでその感触を学んでいきます。手づかみしない子に、手づかみをあえてさせる必要はありませんが、手づかみでもきちんと食べているようであれば2歳くらいまでなら OK。でもスプーンのほうがお兄ちゃん、お姉ちゃんらしいこと、かっこいいことを折にふれて伝え、3歳前には手づかみを卒業して、スプーンで食べるようにしたいですね。

## Q7 食が細くて心配です。無理にでも食べさせたほうがよいでしょうか?

**A** 無理に食べさせようとすると、食事の時間を苦痛に感じるようになるのでよくありません。たとえば、おなかがすくように体を動かす遊びをさせたり、食べものに興味がわくような絵本を読んであげたりしてみてはいかがでしょう。また、大人がおいしそうに食べるのを見せることも大切。子どもと一緒に食卓を囲んで、自然に食べたくなるような雰囲気作りを心がけてみましょう。

# Column 1

ごはんおいしい！たのしいな♪

### Q10 食べるのが好きで、もっともっとと催促してきます。途中でやめさせようとすると、泣いてしまうので、つい食べさせてしまいますが、大丈夫でしょうか？

A お医者さんに注意をされるほどの肥満の場合は別ですが、食事の時間にたくさん食べるのはOKです。とくに食事の時間に食べるものは制限しなくてよい時期です。ただ食事時間以外にダラダラ食べるのはNG。食事の時間だけにとどめるようにしましょう。

### Q13 病気などで食欲がないときは、食べさせなくてもいいですか？また、何か食べさせるとしたら、どんなものがいいですか？

A 病気のときは、消化吸収力も弱っていますので、2日くらいなら無理に食べさせなくても大丈夫。糖分だけはとれるように、はちみつ少量を溶いたお湯などをあげるといいでしょう。またはスープでもOKです。食欲がないのが続くようなら、医師に相談してください。

### Q11 仕事の都合で、夕飯が遅くなってしまうときは、（保育園などで）子どもだけ先に食べさせたほうがいいでしょうか？

A はい。夕ごはんの時間は就寝時間にもひびき、生活サイクル全体をくずしやすいことを覚えておいてください。夕ごはんの時間はなるべく早めを心がけましょう。

### Q14 食欲があるのに口内炎ができて痛くて食べられないときには、どんなものをあげたらいいですか？

A 口内炎のときは、うす味の、刺激の少ないものがよいでしょう。塩や酸味はしみますので、しばらくはごはんに野菜を刻んで混ぜたものくらいでいいでしょう。口内炎はビタミン不足が原因のことが多いので、日ごろからビタミン源の食品をとるように心がけてください。

### Q12 漬け物やスパイスのきいたカレーなど、大人が食べているものを欲しがります。少しくらいなら分けてあげても大丈夫？

A 塩辛いものはクセになりがちです。あげないようにしましょう。またスパイスは、薬効成分があるものもあり、刺激が強すぎます。3歳を過ぎるまでは、あげないようにしたいものです。

# Part 3

3歳~5歳の

# フリージング
# 幼児食

3歳になり食べる量が増えてきたら、
ストックするおかずを1品増やして
6品にし、1週間分の夕ごはんに展開します。
プランを2ケースご提案し、
さらに主菜、副菜、主食、汁物の単品レシピを紹介します。
いろいろな食材や味、食感に挑戦させてあげましょう。

# 3歳〜5歳の 成長と栄養

20本の乳歯が生えそろい、大人と同じようなものが食べられるようになってきます。味つけは食品のうまみや風味を生かしたうす味とし、シャキシャキ、モチモチといったさまざまな食感や、香りや色や形を体験させてあげましょう。

## 成長のようすと幼児食のポイント

### 買い物やお手伝いからも食に興味をもたせよう

食べるということは、人が生きていく上でとても大切なこと。食に興味をもたせるためには、買い物や料理など、子どもができるお手伝いを体験させるのも効果的です。また、料理の盛りつけや形などにも工夫をして、目でも楽しむ経験をさせてあげましょう。「おいしいね」「きれいだね」と料理について会話をし、「食事＝楽しい」と感じる経験を積み重ねていきましょう。

### かむ力が強くなる。いろいろな味や食感に挑戦！

3歳になり乳歯が生えそろってくると、かむ力が強くなります。弾力のあるものやシャキシャキとした食感が楽しめるような食品に挑戦させましょう。ただし、この時期は飲み込む力も強くなってくるため、よくかまずに食べてしまう恐れも。丸飲みできる大きさのものは切り分けたり、あえて歯ごたえを残す調理法にしたりなどの工夫をしましょう。また、かむほどに味が出てくることを体験させ、よくかんで食べる習慣を身につけさせましょう。

お箸も上手に使えるようになってきたよ！

### 食事のマナーを身につけ、箸の練習もはじめよう

言葉や思考能力が発達し、大人の話も理解できるようになります。食事のマナーを身につけさせ、4歳ごろまでに使えるようになるよう、お箸の練習を開始しましょう。箸は子どもの手に合う長さのもので、食品がしっかりつかめるすべりにくい素材のものを。食事中の姿勢（ひじをつく、ひざを立てて座るなど）が悪ければ、きちんと正してあげましょう。

# 3歳〜5歳の1日の食事の目安量

## 食事の回数

### 1日**3**食＋おやつ**1**回

おやつには、食物繊維が多いいも類やとうもろこし、季節の果物などがおすすめ。糖分や油分の多いお菓子はできるだけ与えないほうがよい。

## 1日にとりたいエネルギー量

**男の子** **1300** kcal   **女の子** **1250** kcal

いろいろな食品をバランスよくとりながら必要なエネルギー量を満たすようにする。

## 1日にとりたい食品

| 栄養源 | 食品の分類 | 目安量 | 食品の量の目安 | とり方 |
|---|---|---|---|---|
| エネルギー源 | 穀類 | 250〜350g | ごはん子ども用茶わん1杯(100〜120g)、食パン6枚切り1枚(60g) | ごはん(100〜120g)、食パン(6枚切り1枚)など。3回の食事で主食を必ずとる。 |
| たんぱく質源 | 肉類 | 40〜50g | 薄切り肉1〜2枚(40〜50g) | 主菜のメイン材料として、これらの食品をバランスよく取り入れる。 |
| | 魚類 | 40〜50g | 切り身魚½切れ(40〜50g) | |
| | 大豆・大豆製品 | 40g | 豆腐約⅙丁(50g)、納豆小1パック(40g) | |
| | 卵 | 50g | M1個(50g)、うずらの卵5個(50g) | |
| | 牛乳・乳製品 | 400g | 牛乳コップ1杯(150g)、ヨーグルト1個(80g)、プロセスチーズ厚さ1cm1枚(10g) | おやつなどで上手にとるとよい。 |
| ビタミン・ミネラル源 | いも類 | 70g | じゃがいも½個(50g)、さつまいも2cm輪切り1枚(30g)、里いも1個(50g) | 副菜のメイン材料として、これらの食品をバランスよく取り入れる。 |
| | 野菜(緑黄色野菜) | 60g | にんじん½本(60g)、ほうれん草3株(60g)、ブロッコリー¼個(50g)、いんげん5〜6本(60g) | |
| | 野菜(淡色野菜) | 100g | キャベツ1〜2枚(100g)、きゅうり1本(100g)、かぶ1個(100g)、玉ねぎ½個(100g) | |
| | 海藻類・きのこ類 | 少量 | しいたけ1個(20g)、ひじき(乾)小さじ1(もどすと30g) | |
| | 果物 | 150〜200g | りんご1個(200g)、バナナ1本(200g)、みかん小1個(60g)、キウイフルーツ1個(100g) | おやつなどで上手にとるとよい。 |
| 脂質 | 油脂類 | 15〜20g | 油小さじ1(4g) | エネルギー源になる栄養だが、意識してとる必要はなく、むしろとりすぎに気をつける。 |

※各食品の分量は、あくまでも目安量です。
※1日にとりたいエネルギー量の目安は、「日本人の食事摂取基準2015年版」（厚生労働省）をもとにしています。

# この6品を作ればOK！
# 1週間分の夕ごはんストック

3歳〜5歳の幼児食

いろいろな食品が食べられるようになってきたら、ストックおかずを6品に。味つけや食感に変化をつけて、食の楽しみを広げてあげましょう。

## Case 1 ストックするのはこの6品

A ぶりの照り焼き

B いり鶏

C かぶとにんじんのカレー炒め

D アスパラ豚肉巻きソテー

E ほうれん草と大豆の煮びたし

F オクラとねぎのみそ汁

---

## ぶりの照り焼き
甘いしょうゆ味の魚メニューは人気

**材料（4食分）**
- ぶり … 2切れ
- 塩 … 少々
- 小麦粉 … 適量
- A［ しょうゆ、みりん、砂糖 … 各大さじ½
    　水 … 大さじ4 ］
- 油 … 小さじ2

**作り方**
1 ぶりは食べやすい大きさに切り、塩を軽くふって5分おく。出てきた水けをふき取り、小麦粉を薄くまぶす。
2 フライパンに油を中火で熱し、1を並べて焼く。両面に焼き色がついたら、余分な油をふき取り、Aを加えてからめる。

**保存方法**
粗熱をとり、冷凍用保存袋に汁ごと入れて冷凍する。食べるときは¼量ずつ折って切り離し、ラップをかけて電子レンジで1分〜1分30秒加熱する。

ストック A

**POINT**
生ざけ、かじき、さんまなどでもおいしく作れます。

ストック **B**

**POINT**
こんにゃくは冷凍すると食感が変わるので、入れずに作るのがコツ。

3歳〜5歳の幼児食

## いり鶏

**根菜類はしっかりかむ練習になる**

**材料（4食分）**
鶏もも肉 … 60g
ごぼう … 10cm（20g）
れんこん … 小1節（90g）
にんじん … 1/3本（40g）
干ししいたけ … 1枚
A［だし汁 … 100ml
　しょうゆ、砂糖、みりん
　　… 各大さじ1/2］
油 … 小さじ2

**作り方**
1 干ししいたけは水につけてもどし、軸をのぞいて薄切りにする。
2 鶏もも肉は皮をのぞいて1cm角に切る。ごぼうは皮をこそげ、ささがきにする。れんこんは皮をむき、1cm角に切る。にんじんはいちょう切りにする。
3 フライパンに油を中火で熱し、1、2を炒める。鶏肉の色が変わったら、Aを加えて少し火を弱め、野菜がやわらかくなるまで煮る。

**保存方法**
1/4量ずつ保存容器に入れて冷凍する。食べるときはラップをかけ、電子レンジで1分30秒〜2分加熱する。

---

ストック **C**

**POINT**
かぶの代わりに、れんこんを加えても。

## かぶとにんじんのカレー炒め

**そのままでも、ごはんやパスタと混ぜても！**

**材料（3食分）**
かぶ … 1個
にんじん … 1/4本（30g）
玉ねぎ … 1/4個（50g）
バター … 5g
A［水 … 50ml
　顆粒コンソメ（無添加）、カレー粉
　　… 各小さじ1/4
　はちみつ … 小さじ1］
塩 … 少々

**作り方**
1 玉ねぎは3cm長さの薄切りにする。かぶ、にんじんは薄いいちょう切りにする。
2 フライパンにバターを中火で熱し、玉ねぎ、にんじんを炒める。しんなりしてきたら、かぶを加えて炒め、かぶが透き通ってきたらAを加え、汁けがなくなるまで炒め煮にする。塩を味でととのえる。

**保存方法**
1/3量ずつ保存容器に入れて冷凍する。食べるときはラップをかけ、電子レンジで1分30秒〜2分加熱する。

## アスパラ豚肉巻きソテー
肉と野菜を一緒に食べられる

### 材料（4食分）
豚薄切り肉 … 8枚
グリーンアスパラガス … 4本
塩 … 少々、かたくり粉 … 適量
バター … 5g

### 作り方
1 アスパラガスは下から半分はピーラーで皮をむき、熱湯でゆでる。
2 豚肉2枚を少し重ねて広げ、塩を軽くふり、アスパラガス1本をのせて端から巻く。残り3本も同様に作り、かたくり粉をまぶす。
3 フライパンにバターを中火で熱し、2を並べて焼く。転がしながら全体に焼き色をつける。食べやすい長さに切る。

### 保存方法
¼量ずつラップで包み、冷凍用保存袋に入れて冷凍する。食べるときは、電子レンジで1分～1分30秒加熱する。

**POINT**
野菜が苦手な子どもも、肉で巻くと食べやすくなることが。アスパラガスの代わりにいんげんを巻いてもおいしい。

ストック **D**

---

## ほうれん草と大豆の煮びたし
だしのうまみで、うす味でもおいしくなる

### 材料（3～4食分）
ほうれん草 … ½束（150g）
大豆の水煮（缶詰） … 大さじ4
A ┃ だし汁 … 100㎖
　 ┃ しょうゆ … 小さじ1

### 作り方
1 ほうれん草は熱湯でゆでて水にとり、水けをしぼり2㎝長さに切る。
2 鍋に1、大豆、Aを合わせ、中火で3～4分煮る。火を止めて、しばらくおいて味を含ませる。

### 保存方法
¼～⅓量ずつ汁ごと保存容器に入れて冷凍する。食べるときはラップをかけ、電子レンジで1分～1分30秒加熱する。

**POINT**
大豆の代わりに油揚げを入れても。

ストック **E**

---

## オクラとねぎのみそ汁
ストックしておけば湯をそそぐだけ！

### 材料（4食分）
オクラ … 3本、塩 … 少々
長ねぎ … 3㎝
A ┃ みそ … 小さじ4
　 ┃ 削り節 … 2g

### 作り方
1 オクラは塩でこすってうぶ毛をとり、水で洗う。熱湯でやわらかくゆで、薄い輪切りにする。長ねぎは細切りにする。Aを混ぜ合わせる。
2 （すぐ食べる場合）器に1を¼量ずつ入れ、熱湯100㎖をそそいで混ぜる。

### 保存方法
具とみそ玉を¼量ずつ別々にラップで包み、冷凍用保存袋に入れて冷凍する。みそ汁として食べるときは、電子レンジで10～20秒加熱してから器に入れ、熱湯100㎖をそそいで混ぜる。

**POINT**
具とみそを分けて冷凍しておくと、アレンジの幅が広がります。

ストック **F**

80

## Case 1のストックで
## 1週間の献立プラン

Case 1の6品のストックおかずを使った、1週間の献立のプランを紹介します。

| 月曜日 → | 火曜日 → | 水曜日 → | 木曜日 → | 金曜日 → | 土曜日 → | 日曜日 |
|---|---|---|---|---|---|---|
|  |  |  |  |  |  |  |
| アスパラ豚肉巻き照り焼き | こんにゃく入りいり鶏 | ぶりの照り焼き | かぶとにんじんのカレーうどん | かぶとにんじんのカレーピラフ | ぶりの混ぜごはん | ぶり照りトマト卵炒め |
| きゅうりの甘酢あえ | ブロッコリーのごまあえ | かぶとにんじんのカレー炒め | きゅうりののりあえ | 豚アスパラ巻きのケチャップソテー | オクラとねぎの卵みそ汁 | ほうれん草と大豆のおかかあえ |
| オクラとねぎのみそ汁 | ほうれん草と大豆のスープ | オクラと豆腐のみそ汁 | | オクラとねぎのみそ汁 | ほうれん草と大豆の白あえ | 鶏汁 |
| ごはん | ごはん | ごまおにぎり | | | | ごはん |

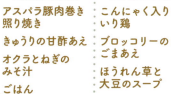

3歳〜5歳の幼児食

月曜日 Monday

オクラの形が星のようだと気がつくかな？

アスパラ豚肉巻き照り焼き
オクラとねぎのみそ汁
きゅうりの甘酢あえ

### アスパラ豚肉巻き照り焼き ●

**材料**
Ⓓ 1食分 ＋ A[しょうゆ、みりん、砂糖 各小さじ½、水 大さじ1]
油 少々

**作り方**
1 「アスパラ豚肉巻きソテー」を電子レンジで1分〜1分30秒加熱する。
2 フライパンに油を中火で熱し、1を焼く。Aを加えてからめる。

### きゅうりの甘酢あえ ●

**材料**
きゅうり ¼本
A[酢、しょうゆ 各小さじ½、砂糖 少々]
焼きのり（八つ切り）1枚

**作り方**
1 きゅうりは2〜3mm厚さの輪切りにし、Aと混ぜ合わせる。焼きのりを細かくちぎって加え、混ぜる。

### オクラとねぎのみそ汁 ●

**材料**
Ⓕ 1食分 ＋ 熱湯 100㎖

**作り方**
1 「オクラとねぎのみそ汁」を電子レンジで10〜20秒加熱してから器に入れ、熱湯をそそいで混ぜる。

### ごはん 100〜120g ●

火曜日 Tuesday

野菜を
たっぷり
食べたい日に!

ほうれん草と大豆のスープ

こんにゃく入りいり鶏

ブロッコリーのごまあえ

## ブロッコリーのごまあえ ●

**材料**
ブロッコリー 2〜3房
A │ 白すりごま 小さじ1
　│ 砂糖 小さじ1/2
　│ しょうゆ 少々

**作り方**
1 ブロッコリーは熱湯でやわらかくゆで、ざるに上げる。
2 ボウルにAを合わせ、1を加えて混ぜ合わせる。

## ほうれん草と大豆のスープ ●

**材料**
 1食分
 ＋ だし汁 120〜150ml
　　　しょうゆ 少々

**作り方**
1 「ほうれん草と大豆の煮びたし」を電子レンジで1分ほど加熱する。
2 鍋に1、だし汁を合わせて中火にかけ、ひと煮する。しょうゆで味をととのえる。

## こんにゃく入りいり鶏 ●

**材料**
B 1食分
 ＋ こんにゃく(アク抜き済み) 30g
　　　ごま油 少々

**作り方**
1 「いり鶏」を電子レンジで1分30秒〜2分加熱する。
2 フライパンにごま油を熱し、こんにゃくを小さめにちぎって入れ、炒める。
3 1、水大さじ2を加え、水分がとぶまで炒め煮にする。

## ごはん    100〜120g ●

水曜日 Wednesday

ごまおにぎり
オクラと豆腐のみそ汁
ぶりの照り焼き
かぶとにんじんのカレー炒め
カレー風味のおかずはごはんがすすむ

3歳〜5歳の幼児食

木曜日 Thursday

つるつると食べるのが楽しい！

かぶとにんじんのカレーうどん
きゅうりののりあえ

## ぶりの照り焼き

材料
Ⓐ 1食分 ＋ プチトマト 1個

作り方
1 「ぶりの照り焼き」を電子レンジで1分〜1分30秒加熱する。器に盛り、半分に切ったトマトをそえる。

## かぶとにんじんのカレー炒め

材料
Ⓒ 1食分

作り方
1 「かぶとにんじんのカレー炒め」を電子レンジで1分30秒〜2分加熱する。

## オクラと豆腐のみそ汁

材料
Ⓕ 1食分 ＋ 木綿豆腐 15g / 熱湯 100ml

作り方
1 鍋に「オクラとねぎのみそ汁」、角切りにした豆腐を入れ、熱湯をそそいで火にかけ、さっと温める。

## ごまおにぎり

材料
白飯 100〜120g
白いりごま 少々

作り方
1 白飯を2等分にしておにぎりを作り、いりごまをふる。

## かぶとにんじんのカレーうどん

材料
Ⓒ 1食分 ＋ だし汁 200ml、しょうゆ 少々 / ツナ（水煮缶）小さじ1、ゆでうどん ½玉 / Ⓐ[かたくり粉 小さじ1、水 小さじ2]

作り方
1 「かぶとにんじんのカレー炒め」を電子レンジで1分30秒〜2分加熱する。
2 鍋に1、だし汁、ツナ、ゆでうどんを入れて中火にかけ、ひと煮立ちさせたら、しょうゆで味をととのえ、混ぜ合わせたⒶを加えてとろみをつける。

## きゅうりののりあえ

材料
きゅうり ⅓本
焼きのり（八つ切り）1枚
しょうゆ 少々

作り方
1 きゅうりは小さめの乱切りにする。
2 ボウルに焼きのりを小さくちぎって入れ、1、しょうゆを加えて混ぜ合わせる。

豚アスパラ巻きの
ケチャップソテー

金曜日
Friday

ごはんに
混ぜると野菜も
食べやすい

オクラとねぎの
みそ汁

かぶとにんじんの
カレーピラフ

## 豚アスパラ巻きのケチャップソテー 🟠🟢

材料 Ⓓ 1食分
 ＋ Ⓐ [ トマトケチャップ 小さじ1 / 砂糖 小さじ1/5 / 水 小さじ2 ]
油 少々
プチトマト 2個

作り方
1「アスパラ豚肉巻きソテー」を電子レンジで1分～1分30秒加熱する。
2 フライパンに油を中火で熱し、1を焼く。Aを加えてからめる。器に盛り、半分に切ったトマトをそえる。

## オクラとねぎのみそ汁 🟣

材料 Ⓕ 1食分
 ＋ 熱湯 100㎖

作り方
1「オクラとねぎのみそ汁」を電子レンジで10～20秒加熱してから器に入れ、熱湯をそそいで混ぜる。

## かぶとにんじんのカレーピラフ 🟡

材料 Ⓒ 1食分
 ＋ 白飯 100～120g / バター 5g / 塩 少々

作り方
1「かぶとにんじんのカレー炒め」を電子レンジで1分30秒～2分加熱する。
2 フライパンにバターを中火で熱し、白飯を炒める。1を加えて炒め合わせ、塩で味をととのえる。

## ほうれん草と大豆の白あえ ●

材料  1食分
E ＋ 木綿豆腐 30g
A ＋ 砂糖、しょうゆ 各少々

作り方
1 「ほうれん草と大豆の煮びたし」を電子レンジで1分ほど加熱する。
2 豆腐はキッチンペーパーで包んで水けをきり、ボウルに入れてつぶす。1と合わせ、Aを加えて混ぜ合わせる。

## ぶりの混ぜごはん ● ●

材料  1食分
A ＋ 白飯 100〜120g

作り方
1 「ぶりの照り焼き」を電子レンジで1分〜1分30秒加熱する。
2 1をほぐし、白飯と混ぜる。

## オクラとねぎの卵みそ汁 ●

材料  1食分
F ＋ 卵 ½個

作り方
1 鍋に「オクラとねぎのみそ汁」と水100mlを入れて中火にかけ、煮立ったら溶き卵を流し入れてひと煮する。

## ぶり照りトマト卵炒め ●

材料  1食分
A ＋ トマト ¼個
卵 1個
油 少々

作り方
1 「ぶりの照り焼き」を電子レンジで1分〜1分30秒加熱する。
2 ボウルに卵を溶きほぐし、ざく切りにしたトマトを加えて混ぜる。
3 フライパンに油を強火で熱し、2を流し入れてさっと炒める。1を1cm幅に切って加え、炒め合わせる。

## ほうれん草と大豆のおかかあえ ●

材料  1食分
E ＋ 削り節 少々

作り方
1 「ほうれん草と大豆の煮びたし」を電子レンジで1分ほど加熱する。削り節を混ぜ、器に盛る。

## 鶏汁 ●

材料  1食分
B ＋ だし汁 120〜150ml
みそ 小さじ½

作り方
1 「いり鶏」を電子レンジで1分30秒〜2分加熱して鍋に移し、だし汁を入れて中火にかける。みそを溶き入れ、さっと煮たら火を止める。

## ごはん  100〜120g

## この6品を作ればOK！
# 1週間分の夕ごはんストック

野菜たっぷりのスープを作っておくと、ごはんやパスタにかけるアレンジもできて便利。豆類を使ったおかずはたんぱく質もとれておすすめです。

**3歳〜5歳の幼児食**

### Case 2 ストックするのはこの6品

| A | B | C | D | E | F |
|---|---|---|---|---|---|
|  |  |  |  |  |  |
| 豚肉ときのこの照り焼き | きのこのケチャップソテー | しらすのチャウダー | たらのフリッター | にんじんと豆のグラッセ | なすと玉ねぎの昆布みそ汁 |

---

## 豚肉ときのこの照り焼き
とろみをつけると、うす味でも味がよくのる

**材料（2〜3食分）**
- 豚薄切り肉 … 80g
- 塩 … 少々
- かたくり粉 … 大さじ½
- しめじ … 60g
- さやいんげん … 3本
- 油 … 小さじ2

A
- だし汁 … 大さじ2
- しょうゆ … 小さじ¾
- 砂糖、みりん … 各小さじ1
- 酢 … 小さじ½
- 塩 … 少々

**作り方**
1. 豚肉は2〜3cm幅に切り、塩をふってかたくり粉をまぶす。
2. しめじは根元を落とし、ほぐす（長ければ半分に切る）。
3. さやいんげんは熱湯でゆで、2cm長さに切る。
4. フライパンに油を中火で熱し、1、2を炒める。しめじがしんなりしてきたら、3を加えて炒め合わせ、Aを加えてからめる。

**保存方法**
⅓〜½量ずつ保存容器に入れて冷凍する。食べるときはラップをかけ、電子レンジで1分30秒〜2分加熱する。

**ストック A**

**POINT**
豚肉の代わりに、鶏もも肉を小さめに切って作ってもおいしい。

ストック **B**

POINT
アレンジしやすい一品で
オムレツの具にしても。
えのきだけを加えてもOK。

3歳〜5歳の幼児食

## きのこのケチャップソテー
ごはんにもパンにも合うから、アレンジしやすい

### 材料（4食分）
しめじ … 150g
しいたけ … 2枚
玉ねぎ … ¼個（50g）
小麦粉 … 小さじ1
A ┌ トマトケチャップ … 小さじ4
　├ 砂糖 … 小さじ½
　└ 水 … 小さじ2
バター … 8g

### 作り方
1 しめじは根元を落とし、ほぐす（長ければ半分に切る）。しいたけは軸をのぞき、薄切りにする。玉ねぎは3㎝長さの薄切りにする。
2 フライパンにバターを中火で熱し、玉ねぎを炒める。しんなりしたらしめじ、しいたけを加えて炒める。
3 小麦粉を加えてなじむまで炒めたら、Aを加えてからめる。

### 保存方法
¼量ずつ保存容器に入れて冷凍する。食べるときはラップをかけ、電子レンジで1分〜1分30秒加熱する。

---

ストック **C**

POINT
しらすはちりめんじゃこより
やわらかくておすすめ。
たんぱく質、カルシウムを補給。

## しらすのチャウダー
小魚入りで、食べごたえたっぷり

### 材料（3〜4食分）
ブロッコリー … 4〜5房（50g）
玉ねぎ … ¼個（50g）
しらす … 大さじ3
小麦粉 … 大さじ1
牛乳 … 300㎖
塩 … 少々
バター … 5g

### 作り方
1 ブロッコリーは熱湯でゆでて粗く刻む。玉ねぎはみじん切りに。
2 フライパンにバターを中火で熱し、玉ねぎを炒める。しんなりしたらブロッコリー、しらすを加えて炒める。小麦粉を加えてなじむまで炒めたら、牛乳を加えてひと煮する。塩で味をととのえる。

### 保存方法
¼〜⅓量ずつ保存容器に入れて冷凍する。食べるときはラップをかけ、電子レンジで1分30秒〜2分加熱する。

## たらのフリッター

ふわっ、サクッとした食感がおいしい

**材料（4食分）**
真だら … 2切れ
A ┌ 卵 … ½個
　├ 牛乳 … 小さじ2
　├ 塩 … 小さじ⅕
　├ 小麦粉 … 大さじ2
　└ かたくり粉 … 大さじ1
油 … 適量

**作り方**
1 たらは骨と皮をのぞき、ひと口大に切る。
2 ボウルにAを混ぜ合わせる。
3 揚げ油を中温に熱し、1を2にくぐらせてから入れ、カラリと揚げる。

**保存方法**
¼量ずつラップで包み、冷凍用保存袋に入れて冷凍する。食べるときはラップをはずし、電子レンジで1分～1分30秒加熱する。

ストック **D**

**POINT**
かじき、生ざけ、鶏ささみ、鶏むね肉などでも同様に作れます。

## にんじんと豆のグラッセ

素材の甘みが味わえる

**材料（3～4食分）**
にんじん … 小1本（100g）
ミックスビーンズ
（ドライパック）… 大さじ3
A ┌ 水 … 大さじ1
　├ はちみつ … 小さじ2
　├ 塩 … 小さじ⅛
　└ バター … 5g

**作り方**
1 にんじんは3cm長さ7mm角の棒状に切り、耐熱容器に入れる。Aを加え、ラップをかけて電子レンジで2分加熱する。
2 ミックスビーンズ（大きなものは粗く刻む）を加えてひと混ぜし、さらに1分30秒加熱する。

**保存方法**
¼～⅓量ずつ保存容器に入れて冷凍する。食べるときはラップをかけ、電子レンジで1分～1分30秒加熱する。

ストック **E**

**POINT**
ミックスビーンズの代わりに水煮の大豆を入れても。

## なすと玉ねぎの昆布みそ汁

塩昆布からうまみが出る

**材料（3食分）**
なす … 小1本（80g）
玉ねぎ … ¼個（50g）
A ┌ みそ … 大さじ½～1
　└ 塩昆布（無添加）… 5g

**作り方**
1 なすは1.5cm角に切る。玉ねぎは3cm長さの薄切りにする。
2 鍋に熱湯を沸かし、1をやわらかくゆで、ざるに上げる。
3 Aを混ぜ合わせる。
4 （すぐ食べる場合）器に2、3を⅓量ずつ入れ、熱湯100mlをそそいで混ぜる。

**保存方法**
具とみそ玉を⅓量ずつ別々にラップで包み、冷凍用保存袋に入れて冷凍。食べるときは、電子レンジで10～20秒加熱してから器に入れ、熱湯100mlをそそいで混ぜる。

ストック **F**

**POINT**
塩昆布は塩味とうまみを手軽にプラスできるので便利ですが、塩味が強くならないように気をつけて。

# Case 2 のストックで
## 1週間の献立プラン

Case2の6品のストックおかずを使った、1週間の献立のプランを紹介します。

| 月曜日 → | 火曜日 → | 水曜日 → | 木曜日 → | 金曜日 → | 土曜日 → | 日曜日 |
|---|---|---|---|---|---|---|
|  |  |  |  |  |  |  |
| ツナきのこパスタ | 豚肉ときのこの照り焼き | 豚肉ときのこの照り焼き | たらの野菜あんかけ | きのこのツナドリア | たらのフリッター | きのこのオムライス |
| たらのフリッターカレー風味 | わかめサラダ | レンチンキャベツののりあえ | なすと玉ねぎのミルクスープ | にんじんと豆のグラッセ | きのこのケチャップソテー | しらすのチャウダー |
| にんじんと豆のグラッセ | なすと玉ねぎの昆布みそ汁 | コーン入りしらすのチャウダー | ごはん | なすと玉ねぎの昆布みそ汁 | チャウダーリゾット | にんじんと豆のグラッセ |
|  | 納豆ごはん | 梅ごはん |  |  |  |  |

3歳〜5歳の幼児食

月曜日 Monday

にんじんと豆のグラッセ

たらのフリッター カレー風味

めん類はよくかんで食べようね

ツナきのこパスタ

### ツナきのこパスタ ●●

**材料**

B 1食分

＋ ツナ（水煮缶）15g
スパゲッティ（乾）50〜70g

**作り方**
1 スパゲッティは半分に折り、熱湯で表示よりやや長めにゆでる。ざるに上げて水けをきる。
2 「きのこのケチャップソテー」を電子レンジで1分〜1分30秒加熱する。
3 ボウルに2、ツナを合わせ、1を加えて混ぜ合わせる。

### たらのフリッター カレー風味 ●

**材料**
D 1食分

＋ カレー粉 少々

**作り方**
1 「たらのフリッター」を電子レンジで1分〜1分30秒加熱する。器に盛り、カレー粉をふる。

### にんじんと豆のグラッセ ●

**材料**

E 1食分

**作り方**
1 「にんじんと豆のグラッセ」を電子レンジで1分〜1分30秒加熱する。

89

納豆ごはん

わかめサラダ

わかめは気道をふさがないよう小さく切って

火曜日
Tuesday

なすと玉ねぎの昆布みそ汁

豚肉ときのこの照り焼き

## わかめサラダ ●

**材料**
わかめ（乾）3g
A ┌ 白いりごま、しょうゆ、ごま油 各小さじ1/2
  └ 酢 小さじ1/4

**作り方**
1 わかめは水につけて戻し、熱湯でさっとゆでてざるに上げる。食べやすい大きさに切り、Aと混ぜ合わせる。

## 納豆ごはん ●

**材料**
白飯 100〜120g
ひき割り納豆 2/3パック
しょうゆ 少々

**作り方**
1 器にごはんを盛り、しょうゆを混ぜた納豆をのせる。

## 豚肉ときのこの照り焼き ●

**材料**
 1食分

**作り方**
1「豚肉ときのこの照り焼き」を電子レンジで1分30秒〜2分加熱する。

## なすと玉ねぎの昆布みそ汁 ●

**材料**
F 1食分
 ＋ 熱湯 100ml

**作り方**
1「なすと玉ねぎの昆布みそ汁」を電子レンジで10〜20秒加熱してから器に入れ、熱湯をそそいで混ぜる。

90

水曜日 Wednesday

コーンを加えてつぶつぶ食感を体験させよう

コーン入りしらすのチャウダー

梅ごはん

レンチンキャベツののりあえ

3歳〜5歳の幼児食

豚肉ときのこの照り焼き

木曜日 Thursday

みそと牛乳、カレーの香りも相性抜群

なすと玉ねぎのミルクスープ

たらの野菜あんかけ

## 豚肉ときのこの照り焼き ●

**材料** Ⓐ 1食分

**作り方**
1 「豚肉ときのこの照り焼き」を電子レンジで1分30秒〜2分加熱する。

## レンチンキャベツののりあえ ●

**材料**
キャベツ 1/3枚
Ⓐ［ごま油 小さじ1/2
　　塩 少々］
焼きのり（八つ切り）1枚

**作り方**
1 キャベツはざく切りにし、水少々をふってラップで包み、電子レンジで1分加熱する。
2 ボウルにⒶを合わせ、1を入れ、小さくちぎったのりを混ぜる。

## コーン入りしらすのチャウダー ●

**材料** Ⓒ 1食分  ＋ ホールコーン（缶詰）大さじ1

**作り方**
1 「しらすのチャウダー」を電子レンジで1分30秒〜2分加熱する（途中ようすを見て調節する）。ホールコーンを加えて混ぜる。

## 梅ごはん ●

**材料**
白飯 100〜120g、梅干し 小1個

**作り方**
1 梅干しは種をのぞき、小さくちぎる。白飯と混ぜ合わせる。

## たらの野菜あんかけ ●

**材料** Ⓓ 1食分  ＋
にんじん 15g
大根 15g
Ⓐ［しょうゆ 小さじ1/2
　　砂糖 小さじ1/2
　　みりん 小さじ1/2
　　水 大さじ2］
Ⓑ［かたくり粉 小さじ1/2
　　水 大さじ1/2］
油 少々

**作り方**
1 「たらのフリッター」を電子レンジで1分〜1分30秒加熱する。
2 にんじんと大根は、せん切りスライサーで極細切りにする。
3 フライパンに油を中火で熱し、2を炒める。しんなりしてきたらⒶを加えてからめ、混ぜ合わせたⒷを加えてとろみをつける。
4 器に1を盛り、3をかける。

## なすと玉ねぎのミルクスープ ●

**材料** Ⓕ 1食分  ＋
牛乳 120〜150ml
カレー粉 少々

**作り方**
1 鍋に「なすと玉ねぎの昆布みそ汁」を入れ、牛乳、カレー粉を加えてひと煮する。

## ごはん  100〜120g ●

なすと玉ねぎの昆布みそ汁

金曜日 Friday

とろりと溶けた
チーズが
食欲をそそる！

きのこのツナドリア

にんじんと
豆のグラッセ

### にんじんと豆のグラッセ ●

材料 E 1食分

作り方
1「にんじんと豆のグラッセ」を電子レンジで1分〜1分30秒加熱する。

### なすと玉ねぎの昆布みそ汁 ●

材料 F 1食分

＋ 熱湯 100mℓ

作り方
1「なすと玉ねぎの昆布みそ汁」を電子レンジで10〜20秒加熱してから器に入れ、熱湯をそそいで混ぜる。

### きのこのツナドリア ● ●

材料 B 1食分

＋ ツナ（水煮缶） 大さじ1
白飯 100〜120g
バター 少々
ピザ用チーズ 大さじ1

作り方
1「きのこのケチャップソテー」を電子レンジで1分〜1分30秒加熱する。
2 耐熱容器の内側にバターをぬり、白飯とツナを混ぜ合わせて入れる。1をかけ、ピザ用チーズを散らし、オーブントースターで4〜5分焼く。

92

### たらのフリッター ●●

**材料**  D 1食分 ＋ プチトマト 1個

**作り方**
1 「たらのフリッター」を電子レンジで1分〜1分30秒加熱する。器に盛り、半分に切ったトマトをそえる。

### きのこのケチャップソテー ●

**材料**  B 1食分

**作り方**
1 「きのこのケチャップソテー」を電子レンジで1分〜1分30秒加熱する。

### チャウダーリゾット ●

**材料**  C 1食分 ＋ 白飯 100〜120g 粉チーズ 少々

**作り方**
1 「しらすのチャウダー」を電子レンジで1分30秒〜2分加熱する(途中ようすを見て調節する)。
2 1と白飯を混ぜて器に盛り、粉チーズをかける。

### きのこのオムライス ●●

**材料**  B 1食分 ＋ 白飯 100〜120g 卵 1個 塩 小さじ1/5 油 少々 トマトケチャップ 小さじ1

**作り方**
1 「きのこのケチャップソテー」を電子レンジで1分〜1分30秒加熱する。白飯と混ぜ合わせる。ラップで包み、ラグビーボール形にととのえる。
2 ボウルに卵を溶きほぐし、塩を加えて混ぜる。
3 フライパンに油を熱し、2を全体に流し入れ、薄焼き玉子を焼く。1を卵で包んで器に盛り、ケチャップをのせる。

### しらすのチャウダー ●

**材料**  C 1食分 ＋ トマト 1切れ

**作り方**
1 「しらすのチャウダー」を電子レンジで1分30秒〜2分加熱する(途中でようすを見て調節する)。器に盛り、角切りにしたトマトをのせる。

### にんじんと豆のグラッセ ●

**材料**  E 1食分

**作り方**
1 「にんじんと豆のグラッセ」を電子レンジで1分〜1分30秒加熱する。

# フリージングできる単品レシピ
# 肉や魚のメインおかず
## Meat & Fish

**3歳～5歳の幼児食**

体の成長に不可欠なたんぱく質を
しっかりとることが主菜の役割です。
同じ食材でも、味つけや組み合わせに
変化をつけてあげましょう。

❄…フリージング方法　⏱…電子レンジの加熱解凍時間

## 豚肉のマヨ焼き

**材料（4食分）**
豚薄切り肉… 150g　　しょうゆ、砂糖… 各小さじ1
塩… 少々　　　　　　マヨネーズ… 大さじ1
玉ねぎ… ½個（100g）

**作り方**
1 豚肉は2～3cm幅に切り、塩をふる。玉ねぎは3cm長さの薄切りにする。
2 フライパンにマヨネーズを中火で熱し、玉ねぎを炒める。しんなりしてきたら豚肉を加えて炒める。肉の色が変わったら、しょうゆ、砂糖を加えてからめる。

❄ ¼量ずつ保存容器に入れる　⏱ 1分～1分30秒

マヨネーズで炒めて油分とコクをプラス

## 鶏ささみのカレー焼き

**材料（4食分）**
鶏ささみ… 4本　　　カレー粉… 小さじ½
塩、白こしょう… 各少々　油… 大さじ1

**作り方**
1 鶏ささみは筋をのぞき、1本を2～3等分に切る。塩、こしょうをふり、カレー粉をまぶす。
2 フライパンに油を中火で熱し、1を並べ両面を焼く。

❄ ¼量ずつラップで包み保存袋に入れる　⏱ 1分～1分30秒

カレー粉で味と香りにアクセントをつける

## 牛肉のうずら巻き

半分に切って黄身を見せると食欲がわく

**材料（12個・4食分）**
- 牛薄切り肉 … 6枚
- 塩 … 少々
- うずらの卵の水煮 … 12個
- かたくり粉 … 適量
- A
  - トマトケチャップ … 大さじ1
  - 砂糖 … 小さじ½
  - 水 … 大さじ2
- 油 … 大さじ1

**作り方**
1 うずらの卵に竹串で数か所穴をあけ、かたくり粉をまぶす。
2 牛肉を長さ半分に切り、1枚ずつ広げる。塩を軽くふって1を1個ずつおいて包む。肉のまわりにもかたくり粉をまぶす。
3 フライパンに油を中火で熱し、2を転がしながら焼く。肉に火が通ったらAを加えてからめる。

❄ 3個ずつラップで包み保存袋に入れる　⏱ 1分～1分30秒

大豆も入れて栄養満点に！

3歳～5歳の幼児食

## 鶏肉と大豆のうま煮

**材料（4食分）**
- 鶏もも肉 … 120g
- 大豆の水煮（缶詰）… 70g
- しいたけ … 2枚
- 長ねぎ … 15cm
- しょうが（みじん切り）… 少々
- A
  - 水 … 100ml
  - しょうゆ、砂糖 … 各大さじ½
- ごま油 … 小さじ1

**作り方**
1 鶏肉は皮をのぞいて小さめのひと口大に切る。しいたけは軸をのぞき、3cm長さの薄切りにする。長ねぎは5cm長さの細切りにする。
2 鍋にごま油としょうがを入れて中火にかけ、香りが出てきたら鶏肉を炒める。肉の色が変わったら、しいたけ、長ねぎも加えて炒める。しいたけがしんなりしてきたら、大豆、Aを加えて5～6分煮る。

❄ ¼量ずつ保存容器に入れる　⏱ 1分～1分30秒

根菜を入れて、かみごたえのあるおかずに

## 豚肉れんこん煮

**材料（4食分）**
- 豚薄切り肉 … 100g
- れんこん … 大⅔節（100g）
- にんじん … 小½本（50g）
- ごま油 … 小さじ1
- A
  - だし汁 … 100ml
  - みりん、しょうゆ … 各大さじ1
  - 砂糖 … 小さじ1

**作り方**
1 れんこんは皮をむいていちょう切りし、5分ほど酢水（分量外）にさらし、ざるに上げる。豚肉は2～3cm幅に切る。にんじんは短いささがきにする。
2 鍋にごま油を中火で熱し、1を炒める。全体に油が回ったらAを加える。汁けがなくなり野菜がやわらかくなるまで煮る。

❄ ¼量ずつ保存容器に入れる　⏱ 1分～1分30秒

# みたらしごまチキン

### 材料（4食分）
鶏もも肉… 180g
塩… 少々
酒… 小さじ1
小麦粉… 大さじ1
A[ しょうゆ、砂糖、みりん
　… 各小さじ1
黒いりごま… 適量
油… 適量

### 作り方
1 鶏肉は皮をのぞいてひと口大に切り、塩、酒をもみ込み、小麦粉をまぶす。
2 揚げ油を中温に熱し、1を入れてカラリと揚げる。
3 フライパンにAを入れて中火にかけ、油をきった2を加えてからめる。いりごまを加え、まぶす。

❄ ¼量ずつ保存容器に入れる　⏱ 1分〜1分30秒

とろりとからまる甘いしょうゆだれがおいしい！

---

# あっさりホイコーロー

### 材料（4食分）
豚バラ薄切り肉… 200g
塩、白こしょう… 各少々
かたくり粉… 小さじ1
キャベツ… 4枚（240g）
玉ねぎ… ½個（100g）
しょうが（すりおろし）… 小さじ1
A[ みそ、砂糖、酒、
　オイスターソース… 各小さじ1
ごま油… 小さじ1

### 作り方
1 豚肉は3cm幅に切り、塩、こしょう、かたくり粉をまぶす。キャベツは小さめのざく切りに、玉ねぎは1cm角に切る。
2 フライパンにごま油を中火で熱し、しょうが、玉ねぎを入れて炒める。しんなりしてきたら豚肉を加えて炒める。肉の色が変わったらキャベツを加えて炒め、Aを加えて炒め合わせる。

❄ ¼量ずつ保存容器に入れる　⏱ 1分〜1分30秒

素材のうまみを生かしてあっさり味に

---

# レンジソーセージ

### 材料（12本・4食分）
豚ひき肉… 150g
塩… 小さじ⅛
白こしょう… 少々
かたくり粉… 大さじ1

### 作り方
1 ボウルにすべての材料を入れて、ねばりが出るまでよく混ぜる。
2 1を12等分し、棒状に形をととのえる。1つずつクッキングシートでキャンディのように包み、耐熱皿にのせて電子レンジで2〜3分加熱する。

❄ 3本ずつラップで包み保存袋に入れる　⏱ 1分〜1分30秒

クッキングシートに包んで加熱するだけ！

電子レンジで作れる簡単おかず

## コーンシューマイ

材料（16個・4食分）
豚ひき肉 … 150g
長ねぎ（みじん切り） … 10cm分
ホールコーン … 大さじ5

A　塩 … 少々
　　しょうゆ、ごま油、酒 … 各小さじ½
　　しょうが（すりおろし） … 少々
　　かたくり粉 … 大さじ1

かたくり粉 … 適量

作り方
1 ボウルに豚ひき肉、長ねぎ、ホールコーン、Aを合わせ、ねばりが出るまでよく混ぜる。
2 1を16等分にし、ボール状に丸める。かたくり粉をまぶし、耐熱皿に並べる。水を軽くふり、ラップをかけて電子レンジで2分30秒～3分加熱する（途中で上下を返し、全体に火を通す）。

❄ 4個ずつ保存容器に入れる　🕐 水少々をふり1分～1分30秒

---

白身魚とチーズは相性抜群！

3歳～5歳の幼児食

## たらカツ　チーズ風味

材料（4食分）
真だら … 2切れ
塩、白こしょう … 各少々
小麦粉 … 適量
卵 … ½個

A　パン粉 … 大さじ6
　　粉チーズ … 大さじ1

油 … 適量

作り方
1 たらは皮、骨をのぞいてひと口大に切り、塩、こしょうをふる。小麦粉をまぶし、溶き卵にくぐらせ、混ぜ合わせたAをまぶす。
2 揚げ油を中温に熱し、1をカラリと揚げる。

❄ ¼量ずつ保存容器に入れる　🕐 ラップはせずに1分～1分30秒

---

刺身用なら切る手間なし、骨もなし！

## たいのカレーピカタ

材料（4食分）
たい（刺身用） … 8切れ
塩 … 少々
カレー粉 … 小さじ¼
小麦粉 … 適量
卵 … 1個
油 … 小さじ2

作り方
1 たいに塩、カレー粉をふり、小麦粉を全体にまぶす。
2 ボウルに卵を溶きほぐし、1をくぐらせる。
3 フライパンに油を中火で熱し、2を並べて両面を焼く。

❄ 2切れずつラップで包み保存袋に入れる　🕐 1分～1分30秒

97

## ぶりの磯辺揚げ

**材料（4食分）**
ぶり … 2切れ
塩 … 少々
A [ 小麦粉 … 大さじ2
　　青のり … 小さじ1
　　水 … 大さじ2 ]
油 … 適量

**作り方**
1 ぶりは食べやすい大きさに切る。
2 ボウルにAを混ぜ合わせ、1をくぐらせる。
3 揚げ油を中温に熱し、2をカラリと揚げる。熱いうちに塩をふる。

❄ ¼量ずつラップで包み保存袋に入れる　⏱ 1分～1分30秒

のりのよい香りも味わって

## さけつみれ

**材料（12個・4食分）**
生ざけ … 2切れ
A [ 塩 … 小さじ⅙
　　白こしょう … 少々
　　長ねぎ（みじん切り）… 10cm分
　　かたくり粉 … 小さじ2 ]

**作り方**
1 さけは皮、骨をのぞいて包丁で細かくたたく。
2 ボウルに1、Aを合わせ、よく混ぜ合わせる。12等分にしてボール状に丸め、熱湯でゆでる。

❄ まとめて保存袋に入れる　⏱ 3個あたり1分～1分30秒

そのままでも、鍋の具としても！

## あじのプチ南蛮

**材料（4食分）**
あじ（3枚おろし）… 2尾分
しょうが汁 … 少々
かたくり粉 … 適量
A [ 酢、しょうゆ … 各小さじ1
　　砂糖 … 大さじ½
　　だし汁 … 100mℓ ]
油 … 適量

**作り方**
1 あじは骨をのぞき、3cm四方に切る。しょうが汁をかけ、かたくり粉をまぶす。
2 フライパンに多めに油を入れて熱し、1を揚げ焼きにする。
3 鍋にAを合わせて中火にかけ、煮立ったら火を止め、2を加えてしばらくおく。

❄ ¼量ずつ漬け汁ごと保存容器に入れる　⏱ 1分～1分30秒

しょうが汁でくさみをとり、食べやすくする

## かじきのオレンジ照り焼き

マーマレードの酸味と甘みで絶妙な味に

材料（4食分）
- めかじき … 2切れ
- 塩 … 少々
- かたくり粉 … 適量
- A　オレンジマーマレード、しょうゆ、みりん … 各小さじ1
- 　　水 … 大さじ1
- 油 … 大さじ1

作り方
1. めかじきは1切れを4等分くらいに切る。塩、かたくり粉をまぶす。
2. フライパンに油を熱し、1を並べて両面を焼く。余分な油をふき取り、Aを加えてからめる。

❄ ¼量ずつ保存容器に入れる　⏱ 1分～1分30秒

## えびマヨ

ぷりぷりのえびがおいしい！

3歳～5歳の幼児食

材料（4食分）
- むきえび … 16尾
- かたくり粉 … 小さじ1
- 塩、白こしょう … 各少々
- 油 … 小さじ2
- A　卵 … ½個
- 　　小麦粉 … 大さじ1
- B　マヨネーズ … 大さじ1
- 　　トマトケチャップ … 小さじ½
- 　　砂糖 … 小さじ¼

作り方
1. えびはかたくり粉をふってよくもみ、水洗いする。水けをふき、ひと口大に切って塩、こしょうをまぶす。
2. ボウルにAを混ぜ合わせ、1をくぐらせる。
3. フライパンに油を中火で熱し、2を広げて焼く。全体に火が通ったら、Bを加えてからめる。

❄ ¼量ずつ保存容器に入れる　⏱ 1分～1分30秒

## 枝豆チーズの卵焼き

枝豆の食感がアクセントになる

材料（4食分）
- 枝豆（ゆでたもの）… 15粒
- 卵 … 2個
- 塩 … 少々
- ピザ用チーズ … 大さじ1
- 油 … 小さじ2～大さじ1

作り方
1. 枝豆は薄皮をのぞき、粗く刻む。
2. ボウルに卵を溶きほぐし、1、塩、ピザ用チーズを加えて混ぜる。
3. フライパンに半量の油を中火で熱し、2の半量を3回ほどに分けて流し入れ、卵焼きを作る。同様にして、もう一度卵焼きを作る。粗熱をとり、1つを6等分に切る。

❄ 3切れずつラップで包み保存袋に入れる　⏱ 1分～1分30秒

フリージングできる単品レシピ
# 野菜・豆・海藻の プチおかず
## Vegetables & Beans

3歳～5歳の幼児食

そろそろ好き嫌いが出てくる時期。
苦手な食材も、味つけを変えて試してみましょう。
副菜を上手に食卓にのせて、
栄養のバランスをとりましょう。

❄…フリージング方法　⏲…電子レンジの加熱解凍時間

## キャベツナ煮

**材料（4食分）**
キャベツ … 3枚（180g）
にんじん … 小½本（50g）
ツナ（水煮缶）… ½缶（35g）
Ⓐ しょうゆ … 小さじ½
　 みりん … 小さじ2

**作り方**
1 キャベツはざく切りにする。にんじんは細切りにする。
2 耐熱容器に1、ツナ、Aを入れ、ラップをかけて電子レンジで4分加熱して混ぜる。

❄ ¼量ずつ保存容器に入れる　⏲ 1分～1分30秒

ツナのうまみで野菜がおいしくなる

## かぼちゃのごま甘炒め

**材料（4食分）**
かぼちゃ … ⅛個（150g）
Ⓐ しょうゆ … 小さじ½
　 砂糖 … 小さじ1
黒いりごま … 小さじ1
油 … 小さじ2

**作り方**
1 かぼちゃは1cm厚さの小さめのひと口大に切る。耐熱容器に入れて、水小さじ2をふりかけ、ラップをかけて電子レンジで3分加熱する。いったん取り出して全体をかき混ぜ、さらに1～2分加熱する。
2 フライパンに油を中火で熱し、1を水けをきって入れて炒める。全体に油が回ったら、Aを加えてからめ、いりごまを加えてさっと炒め合わせる。

❄ ¼量ずつ保存容器に入れる　⏲ 1分～1分30秒

ごまを加えて香ばしさとコクをプラス

やさしいミルク味。
ごはんやパスタにかけても

## アスパラのクリーム煮

**材料（4食分）**
グリーンアスパラガス … 3本
ホールコーン … 大さじ5
バター … 4g
小麦粉 … 大さじ1
牛乳 … 150ml
塩 … 小さじ1/8

**作り方**
1 アスパラガスは下から半分の皮をピーラーでむき、3cm長さに切って熱湯でゆでる。
2 フライパンにバターを中火で熱し、1、ホールコーンをさっと炒める。全体にバターが回ったら小麦粉を加える。小麦粉がなじんだら牛乳を加え、とろみがつくまで煮る。塩で味をととのえる。

❄ 1/4量ずつ保存容器に入れる　⏱ 1分～1分30秒

きな粉が入ると
和菓子みたいで
食べやすい！

3歳～5歳の幼児食

## いんげんとブロッコリーの ごまきなこあえ

**材料（4食分）**
さやいんげん … 10本
ブロッコリー … 1/5個（80g）

A｜白すりごま … 大さじ1
　｜きな粉 … 大さじ1
　｜砂糖 … 大さじ1/2
　｜しょうゆ … 小さじ1/2

**作り方**
1 ブロッコリーは小房に分け、さやいんげんとともにゆでる。ざるに上げて水けをきる。さやいんげんは3cm長さに切る。
2 ボウルにAを合わせ、1を加えて混ぜ合わせる。

❄ 1/4量ずつ保存容器に入れる　⏱ 1分～1分30秒

ごま油と桜えびで
うまみたっぷりに

## ピーマンと桜えびの塩炒め

**材料（4食分）**
ピーマン … 4個
桜えび … 大さじ2
塩 … 少々
ごま油 … 小さじ1

**作り方**
1 ピーマンは繊維を断つ方向（横）に細切りにする。
2 フライパンにごま油を中火で熱し、桜えびを炒める。香りが立ったら1を加えて炒め、全体に油が回ったら水小さじ1を加え、汁けがなくなるまで炒める。塩で味をととのえる。

❄ 1/4量ずつ保存容器に入れる　⏱ 1分～1分30秒

# 枝豆と里いものマッシュサラダ

### 材料（4食分）
枝豆（ゆでたもの）… 大さじ2
里いも … 3個（150g）
A［ バター … 5g
　　牛乳 … 50ml ］
塩 … 少々

### 作り方
1 枝豆は薄皮をのぞき、粗みじん切りする。
2 里いもは皮をむき、水からゆでる。やわらかくなったら火を止めて湯を捨て、熱いうちにつぶす。A、1を順に加えて、再び中火にかける。水けがなくなりまとまってきたら火を止め、塩で味をととのえる。

❄ ¼量ずつ保存容器に入れる　⏱ 1分～1分30秒

ねっとりなめらかな食感が味わえる

# さつまいものはちみつレモン煮

### 材料（4食分）
さつまいも … 大1本（300g）
A［ はちみつ … 大さじ1½
　　レモン汁 … 小さじ1
　　水 … 大さじ3
　　塩 … 小さじ⅕ ］

### 作り方
1 さつまいもは1cm厚さのいちょう切りにし、水に10分ほどさらす。
2 耐熱容器に水けをきった1を入れ、Aを加えてひと混ぜする。ラップをかけて、電子レンジで3分加熱する。いったん取り出して全体をかき混ぜ、さらに1～2分加熱する。

❄ ¼量ずつ保存容器に入れる　⏱ 1分～1分30秒

素材の甘みも生かした味つけに

# 大豆とにんじんのコンソメ煮

### 材料（4食分）
にんじん … ⅔本（80g）
大豆の水煮（缶詰）… 100g
A［ 水 … 200ml
　　顆粒コンソメ（無添加）… 小さじ½ ］
塩 … 少々

### 作り方
1 にんじんは皮をむき、1.5cm角に切る。
2 小鍋に1、大豆、Aを入れて中火にかける。にんじんがやわらかくなるまで煮たら、塩で味をととのえる。

❄ ¼量ずつ煮汁ごと保存容器に入れる　⏱ 1分～1分30秒

大豆に合わせて、スプーンにのる大きさに

いろいろな野菜のうまみが一体に！

## ラタトゥイユ

### 材料（4食分）
パプリカ（赤・黄）… 各½個
トマト … 1個（200g）
なす … 1本（100g）
玉ねぎ … ¼個（50g）
A[ 塩 … 小さじ¼
　 トマトケチャップ … 大さじ1
　 砂糖 … 小さじ½ ]
オリーブ油 … 大さじ1

### 作り方
1 パプリカ、トマト、なす、玉ねぎは、それぞれ1.5cm角に切る。
2 耐熱容器に1を入れ、オリーブ油を回しかけ、全体を混ぜ合わせてなじませる。
3 Aを加えてラップをかけ、電子レンジで3分加熱する。いったん取り出して全体をかき混ぜ、さらに2〜3分加熱する。冷まして味をなじませる。

❄ ¼量ずつ汁ごと保存容器に入れる　⏲ 1分〜1分30秒

---

肉厚なパプリカで作るとジューシー

3歳〜5歳の幼児食

## パプリカのチーズピカタ

### 材料（4食分）
パプリカ（赤・黄）… 各½個
小麦粉 … 適量
A[ 卵 … 1個
　 粉チーズ … 小さじ1 ]
油 … 小さじ2

### 作り方
1 パプリカは3cm幅に切り、長さを半分に切る。小麦粉をまぶす。
2 ボウルにAを合わせ、1をくぐらせる。
3 フライパンに油を中火で熱し、2を並べ、両面を焼く。

❄ ¼量ずつ保存容器に入れる　⏲ 1分〜1分30秒

---

トースターでこんがり焼いて召し上がれ！

## ブロッコリーのミニグラタン

### 材料（2〜3食分）
ブロッコリー … ¼個（100g）
バター … 10g
小麦粉 … 大さじ1
牛乳 … 150ml
塩 … 少々
ピザ用チーズ … 大さじ2〜3

### 作り方
1 ブロッコリーは小房に分け、熱湯でゆでてざるに上げ、水けをきる。
2 小さめのフライパンにバターを中火で熱し、小麦粉を加えて炒める。牛乳を少しずつ加えながら混ぜ、とろみがつくまで煮る。塩で味をととのえる。
3 耐熱ガラス容器に1の⅓〜½量ずつ入れ、2を⅓〜½量ずつかけてチーズをのせる。
4 （すぐ食べる場合）オーブントースターで3〜4分、焼き色がつくまで焼く。

❄ 耐熱ガラス容器ごと冷凍　⏲ レンジで1分〜1分30秒＋トースターで3〜4分

103

# アスパラのごまフライ

### 材料（4食分）
グリーンアスパラガス … 4本
A [ 小麦粉、水 … 各大さじ1½ ]
B [ 黒いりごま … 小さじ2
　　パン粉 … 大さじ4 ]
油 … 適量

### 作り方
1 アスパラガスは下から半分の皮をピーラーでむき、4～5cm長さに切る。混ぜ合わせたA、Bの順にまぶしつける。
2 揚げ油を中温に熱し、1をきつね色になるまで揚げる。

❄ ¼量ずつ保存容器に入れる　⏱ ラップをせずに1分～1分30秒

野菜もフライにすると食べやすい

# 枝豆の春巻き

### 材料（12本・4食分）
枝豆（ゆでたもの） … 20～25粒
ピザ用チーズ … 大さじ4
A [ 小麦粉、水 … 各大さじ1 ]
春巻きの皮 … 3枚
油 … 適量

### 作り方
1 枝豆は薄皮をのぞき、みじん切りにする。
2 春巻きの皮は四つ切りにして1枚を4枚にし、1、ピザ用チーズを均等にのせて包む。包み終わりに混ぜ合わせたAをつけてとじる。
3 揚げ油を中温に熱し、2をきつね色になるまで揚げる。

❄ まとめて保存袋に入れる　⏱ ラップをせずに、3本あたり1分～1分30秒

枝豆とチーズの相性抜群！

# ひじきとにんじんのがんも

### 材料（16個・4食分）
木綿豆腐 … 200g
芽ひじき（乾） … 3g
にんじん … 15g
A [ しょうが汁 … 少々
　　卵 … ½個
　　塩 … 小さじ⅓
　　かたくり粉 … 大さじ2 ]
油 … 適量

### 作り方
1 木綿豆腐はキッチンペーパーで包んでしばらくおき、しっかり水けをきる。芽ひじきは水につけてもどし、粗く刻む。にんじんはせん切りスライサーで極細切りにする。
2 ボウルに1を入れ、Aを加えてよく混ぜる。
3 揚げ油を中温に熱し、2をスプーンですくって落とし、きつね色になるまで揚げる。

❄ まとめて保存袋に入れる　⏱ 4個あたり1分～1分30秒

ひと口サイズでパクパク食べられる！

意外な組み合わせが子どもに大人気

## ナポリタン風切り干し大根

**材料（4食分）**
切り干し大根（乾）… 20g
ベーコン… 2枚
ピーマン（赤・緑）… 各1個
A [ 水… 150ml
　　トマトケチャップ… 大さじ1
　　中濃ソース… 小さじ1
　　砂糖… 小さじ½ ]
油… 小さじ2

**作り方**
1 切り干し大根は水につけてもどし、水けをしぼって2～3cm長さに切る。ベーコンは細切りに、ピーマンは3cm長さの細切りにする。
2 フライパンに油を中火で熱し、1を炒める。ピーマンがしんなりしてきたらAを加えて炒め合わせ、ふたをして汁けがなくなるまで煮る。

❄¼量ずつ保存容器に入れる　⏱1分～1分30秒

---

豆の洋風おかずもレパートリーに加えたい

3歳～5歳の幼児食

## ミックスビーンズのトマト煮

**材料（4食分）**
玉ねぎ… ¼個（50g）
ミックスビーンズ（ドライパック）… 100g
A [ トマトの水煮（缶詰）… 200g
　　砂糖… 小さじ1
　　塩… 小さじ½ ]
オリーブ油… 小さじ2

**作り方**
1 玉ねぎはみじん切りにする。
2 フライパンにオリーブ油を中火で熱し、1を炒める。しんなりしてきたらミックスビーンズ（大きなものは粗く刻む）を加えてさっと炒める。A（トマトの水煮はよくつぶす）を加えて煮詰める。

❄¼量ずつ保存容器に入れる　⏱1分～1分30秒

---

簡単トマトソースが味の決め手！

## なすのトマトチーズ焼き

**材料（4食分）**
なす… 2本（200g）
オリーブ油… 小さじ2
塩… 少々
A [ トマトの水煮（缶詰）… 200g
　　砂糖… 小さじ1
　　塩… 小さじ¼ ]
ピザ用チーズ… 大さじ2～3

**作り方**
1 鍋にA（トマトの水煮はよくつぶす）を入れて中火にかけ、半量になるぐらいまで煮詰める。
2 なすは乱切りして耐熱容器に入れ、オリーブ油、塩をふりかけてラップをかけ、電子レンジで4分加熱する。
3 耐熱ガラス容器に2を¼量ずつ入れ、1を¼量ずつかけ、チーズをのせる。
4 （すぐ食べる場合）オーブントースターで4～5分、焼き色がつくまで焼く。

❄耐熱ガラス容器ごと冷凍　⏱レンジで1分～1分30秒＋トースターで4～5分

## フリージングできる単品レシピ
# ごはん・めん・パンの メニュー
### Rice ＆ Noodle ＆ Bread

3歳〜5歳の幼児食

待ったなし！でごはんを出したいときに、おかずとごはんが一緒になったメニューがストックしてあると大助かり。時間があるときに作っておきましょう。

❋…フリージング方法　⏱…電子レンジの加熱解凍時間

---

## 炊き込みきのこカレーごはん

**材料（3〜4食分）**
- 米 … 1合
- しめじ … 50g
- しいたけ … 2枚
- ベーコン … 1枚
- ミックスベジタブル … 大さじ2
- A
  - カレー粉 … 小さじ2/3
  - 顆粒コンソメ（無添加）… 小さじ1/2
  - 塩 … 小さじ1/4
- バター … 5g

**作り方**
1. 米は水洗いし、ざるに上げる。
2. しめじは石づきをのぞき、ざく切りにする。しいたけは軸をのぞき、薄切りして2cm長さに切る。ベーコンは細切りにする。
3. 炊飯器の内釜に1、Aを入れ、目盛りまで水加減する。米の上に2、ミックスベジタブル、バターをのせ、炊飯器で普通に炊く。炊き上がったら、全体をふっくらと混ぜ合わせる。

❋ 1/4〜1/3量ずつラップで包み保存袋に入れる　⏱ 2分〜2分30秒

カレーの香りが食欲をそそる

---

## にんじんピラフ

**材料（3〜4食分）**
- 米 … 1合
- にんじん … 1/2本（60g）
- A
  - 顆粒コンソメ（無添加）… 小さじ1/2
  - バター … 5g
  - 塩 … 小さじ1/4

**作り方**
1. 米は水洗いし、ざるに上げる。
2. にんじんはすりおろす。
3. 炊飯器の内釜に1を入れ、目盛りよりやや少なめに水加減する。2、Aをのせ、炊飯器で普通に炊く。炊き上がったら、全体をふっくらと混ぜ合わせる。

❋ 1/4〜1/3量ずつラップで包み保存袋に入れる　⏱ 2分〜2分30秒

にんじんの自然な甘みが味わえる

ホクホクとしたおいもが
アクセント！

## さつまいもの炊き込みごはん

**材料（3～4食分）**
米… 1合
さつまいも… 大½本（150g）
にんじん… 2㎝（20g）
A[ みりん… 大さじ½
　　塩… 小さじ⅙ ]
昆布（5㎝四方）… 1枚

**作り方**
1 米は水洗いし、ざるに上げる。
2 さつまいもは1.5㎝角に切って水に5分ほどさらし、水けをきる。にんじんはせん切りスライサーで極細切りにする。
3 炊飯器の内釜に1、Aを入れ、目盛りまで水加減する。米の上に2、昆布をのせ、炊飯器で普通に炊く。炊き上がったら昆布を取りのぞき、全体をふっくらと混ぜ合わせる。

❄ ¼～⅓量ずつラップで包み保存袋に入れる　⏱ 2分～2分30秒

# じゃことこまつなのチャーハン

**材料（3〜4食分）**
- 小松菜 … ½束（150g）
- ちりめんじゃこ … 大さじ3
- 卵 … 1個
- 白飯 … 400g
- しょうゆ … 小さじ2
- 塩 … 少々
- ごま油 … 小さじ2

**作り方**
1. 小松菜は1〜2cm長さに切る。
2. ボウルに卵を溶きほぐし、白飯と混ぜ合わせる。
3. フライパンにごま油を中火で熱し、ちりめんじゃこを炒める。香りが出てきたら小松菜を加えて炒める。2を加えて全体を炒め合わせ、卵に火が通ったら、しょうゆを回し入れ、塩で味をととのえる。

❄ ¼〜⅓量ずつラップで包み保存袋に入れる　⏱ 2分〜2分30秒

じゃこでうまみも栄養もアップする

# 豚肉とチンゲン菜の焼きそば

**材料（3〜4食分）**
- 中華蒸しめん … 1玉半
- 豚薄切り肉 … 60g
- チンゲン菜 … 小1株（100g）
- ホールコーン … 大さじ3
- オイスターソース … 大さじ½
- 塩 … 少々
- ごま油 … 小さじ2

**作り方**
1. 豚肉は2cm幅に切る。チンゲン菜は2〜3cm長さに切る。
2. 中華蒸しめんは電子レンジで1分加熱し、長さを半分に切る。
3. フライパンにごま油を中火で熱し、豚肉を炒める。塩をふり、肉の色が変わったらチンゲン菜を加えて炒める。チンゲン菜がしんなりしたら、2を加えて炒め合わせる。コーン、オイスターソースを加えて味をととのえる。

❄ ¼〜⅓量ずつ保存容器に入れる　⏱ 2分〜2分30秒

オイスターソース入りの本格中華味にも挑戦！

# そうめん焼き

**材料（3〜4食分）**
- そうめん（乾） … 50〜60g
- 豚バラ薄切り肉 … 50g
- 卵 … 1個
- **A** 小麦粉 … 大さじ1
- めんつゆ（3倍濃縮） … 大さじ½
- 万能ねぎ（小口切り） … 大さじ1
- 油 … 小さじ2
- ソース、青のり、削り節 … 各適量

**作り方**
1. そうめんは熱湯でゆで、ざるに取り出して水けをきる。同じ熱湯で豚肉をさっとゆでて取り出し、ひと口大に切る。
2. ボウルに卵を溶きほぐし、1、Aを加えて混ぜ合わせる。
3. フライパンに油を中火で熱し、2を流し入れ、全体に広げる。両面に焼き色がつくまで焼いて中まで火を通す。食べやすい大きさに切り、ソースをぬり、削り節、青のりを散らす。

❄ ¼〜⅓量ずつラップで包み保存袋に入れる　⏱ 1分30秒〜2分

ゆでたそうめんが残ったときにおすすめ！

108

かくし味のみそが
コクを出す

## みそミルクナポリタン

### 材料（2～3食分）
スパゲッティ（乾）… 150g
ハム … 2枚
パプリカ（赤）… ½個
玉ねぎ … ½個（100g）
油 … 小さじ2

A［ みそ … 小さじ1
　　牛乳 … 大さじ1
　　砂糖 … 小さじ½
　　トマトケチャップ … 大さじ1 ］
塩 … 少々

### 作り方
1 ハム、パプリカは細切りにする。玉ねぎは薄切りにする。
2 スパゲッティは半分に折り、熱湯で表示よりやや長めにゆでる。
3 フライパンに油を中火で熱し、1を加えて炒める。野菜がしんなりしたら、水けをきった2、Aを加えて炒め、塩で味をととのえる。

❄ ⅓～½量ずつ保存容器に入れる　⏱ 2分～2分30秒

---

バターをからめ、
チーズをのせて焼くだけ！

3歳～5歳の幼児食

## マカロニチーズ焼き

### 材料（2～3食分）
マカロニ（乾）… 80g
A［ バター … 8g
　　塩 … 少々 ］
玉ねぎ … ¼個（50g）
ウインナーソーセージ … 4本
ピザ用チーズ … 大さじ4
油 … 小さじ2

### 作り方
1 マカロニを表示通りにゆでて水けをきり、熱いうちにAを混ぜる。
2 玉ねぎは3㎝長さの薄切りにする。ソーセージは輪切りにする。
3 フライパンに油を中火で熱し、2を炒める。玉ねぎがしんなりしたら、火を止める。
4 耐熱ガラス容器に1、3の順に⅓～½量ずつ入れ、チーズをのせる。
5 （すぐ食べる場合）オーブントースターで4～5分、焼き色がつくまで焼く。

❄ 耐熱ガラス容器ごと冷凍　⏱ レンジで1分～1分30秒+トースターで4～5分

---

朝ごはんにも
おすすめ！

## スティックえびトースト

### 材料（4食分）
食パン（8枚切）… 2枚
むきえび … 80g
かたくり粉 … 小さじ2
ブロッコリー … 3房（30g）

A［ マヨネーズ … 小さじ2
　　塩 … 少々
　　かたくり粉 … 小さじ2 ］
トマトケチャップ … 適量
油 … 小さじ2

### 作り方
1 えびはかたくり粉をふってよくもみ、水洗いする。水けをしっかりふき取り、包丁でねばりが出るまでたたく。
2 ブロッコリーは熱湯でゆで、ざるに上げて水けをきり、粗みじん切りにする。ボウルに1とともに入れ、Aを加えて混ぜ合わせる。
3 食パン1枚を半分に切ってケチャップを薄くぬり、2をぬる。
4 フライパンに油を中火で熱し、3のえびの面を下にして並べて焼く。焼き色がついたら裏返し、裏面も焼く。食べやすく切る。

❄ ¼量ずつラップで包み保存袋に入れる　⏱ 1分～1分30秒

109

## フリージングできる単品レシピ
# 汁・スープのメニュー

汁物やスープは野菜を無理なく食べさせやすいメニュー。
時間があるときに作っておくと、あと一品ほしいときにも便利です。

**Soup**

3歳〜5歳の幼児食

❄…フリージング方法　⏱…電子レンジの加熱解凍時間

## かぼちゃのスープ

**材料（4食分）**
- かぼちゃ … 1/8個（200g）
- 玉ねぎ … 1/4個（50g）
- バター … 8g
- A
  - 水 … 150mℓ
  - 牛乳 … 250mℓ
  - 砂糖 … ひとつまみ
- 塩 … 小さじ1/2弱

**作り方**
1. かぼちゃは皮、種、わたをのぞき、ひと口大に切る。耐熱容器に入れ、電子レンジで3〜4分加熱する。やわらかくなったらマッシャーやお玉などでつぶす。
2. 玉ねぎはみじん切りにする。
3. 鍋にバターを中火で熱し、2をしんなりするまで炒める。1、Aを加え、混ぜながらひと煮する。塩で味をととのえる。

❄ 1/4量ずつ保存容器に入れる　⏱ 2分〜2分30秒（途中ようすを見て調節）

つぶして食感を残し、食べごたえを出す

## ほうれん草のポタージュ

**材料（4食分）**
- ほうれん草 … 2〜3株（50g）
- 玉ねぎ … 1/4個（50g）
- しめじ … 20g
- ベーコン … 1枚
- 水 … 200mℓ
- 牛乳 … 200mℓ
- 塩 … 小さじ1/4
- バター … 3g

**作り方**
1. ほうれん草はゆでて水にとり、水けをしぼって2〜3cm長さに切る。玉ねぎはみじん切りにする。しめじは石づきをのぞき、ほぐす。ベーコンは細切りにする。
2. 鍋にバターを中火で熱し、1を炒める。玉ねぎがしんなりしたら、分量の水を加えて2分ほど煮る。火を止めて、ブレンダーで撹拌する。
3. 再び中火にかけて牛乳を加え、ひと煮する。塩で味をととのえる。

❄ 1/4量ずつ保存容器に入れる　⏱ 2分〜2分30秒（途中ようすを見て調節）

牛乳を加えてマイルドな味わいに

## カレー豚汁

**材料（4食分）**

豚バラ薄切り肉 … 80g
玉ねぎ … 1/4個（50g）
にんじん … 小1/2本（50g）
さやいんげん … 5本
だし汁 … 500ml
A [ しょうゆ … 大さじ1弱
　　みりん … 小さじ1
　　カレー粉 … 小さじ1/2 ]
油 … 少々

**作り方**

1 玉ねぎは3cm長さの薄切りにする。にんじんはいちょう切りに、さやいんげんは1cm幅の輪切りにする。豚肉は細切りにする。
2 鍋に油を中火で熱し、1を炒める。肉の色が変わったらだし汁を加えて6～7分煮る。アクがあれば取りのぞき、Aを加えて野菜がやわらかくなるまで煮る。

❄ 1/4量ずつ保存容器に入れる　⏱ 2分～2分30秒（途中ようすを見て調節）

## 里いもの豆乳みそポタージュ

**材料（4食分）**

里いも … 2～3個（120g）
玉ねぎ … 1/2個（100g）
だし汁 … 200ml
豆乳 … 150ml
みそ … 小さじ1/2
塩 … 少々
バター … 10g

**作り方**

1 里いもは皮をむいて小角に切る。玉ねぎは薄切りにする。
2 鍋にバターを中火で熱し、1を炒める。玉ねぎがしんなりしたら、だし汁を加え、野菜がやわらかくなるまで煮る。火を止めて、ブレンダーで撹拌する。
3 再び中火にかけて豆乳を加え、みそを溶き入れ、塩で調味する。

❄ 1/4量ずつ保存容器に入れる　⏱ 2分～2分30秒（途中ようすを見て調節）

## チキン春雨スープ

**材料（4食分）**

鶏ささみ … 1本
塩 … 少々
酒 … 小さじ1
春雨 … 10g
キャベツ … 1/2枚（30g）
にんじん … 1/4本（30g）
しいたけ … 2枚
A [ 水 … 400ml
　　顆粒コンソメ（無添加）… 小さじ1/2 ]
塩 … 少々
ごま油 … 小さじ1/2

**作り方**

1 春雨は水につけてもどし、粗みじん切りにする。
2 鶏ささみは耐熱皿にのせ、塩、酒をふる。ラップをかけて電子レンジで2分～2分30秒加熱する。粗熱がとれたら、手でほぐす。
3 キャベツ、にんじん、しいたけは2cm長さの細切りにする。
4 鍋にA、3を入れて中火にかけ、野菜がやわらかくなったら2を汁ごと加え、1も加えて煮る。塩で味をととのえ、ごま油をふる。

❄ 1/4量ずつ保存容器に入れる　⏱ 2分～2分30秒（途中ようすを見て調節）

## ポークビーンズスープ

### 材料（4食分）
玉ねぎ … ¼個（50g）
にんじん … 小½本（50g）
さつまいも … 小¼本（50g）
トマト … 1個
大豆の水煮（缶詰） … 100g
ベーコン … 1枚

A ［水 … 400ml
　　トマトケチャップ … 大さじ1
　　塩 … 少々
　　砂糖 … 小さじ1］
油 … 小さじ2

### 作り方
1 玉ねぎ、にんじん、さつまいもはそれぞれ1.5cm角に切る。トマトは皮を湯むきして、ざく切りにする。ベーコンは細切りする。
2 鍋に油を中火で熱し、玉ねぎを炒める。しんなりしたらにんじん、さつまいも、ベーコン、大豆を炒め合わせる。トマト、Aを加え、野菜がやわらかくなるまで煮る。

❄ ¼量ずつ保存容器に入れる　⏱ 2分〜2分30秒（途中ようすを見て調節）

具だくさんで食べごたえたっぷり！

---

## えびだんごスープ

### 材料（4食分）
むきえび … 80g
かたくり粉 … 小さじ2
長ねぎ（みじん切り） … 5cm分
A ［溶き卵 … 小さじ2
　　かたくり粉 … 小さじ2
　　塩 … ひとつまみ］
チンゲン菜 … 小1株（100g）
だし汁 … 400ml
塩 … 小さじ⅓
ごま油 … 小さじ½
B ［コーンスターチ、水 … 各大さじ1］

### 作り方
1 えびはかたくり粉をふってよくもみ、水洗いする。水けをよくふき取り、包丁でねばりが出るまでたたき、長ねぎ、Aと混ぜ合わせる。
2 チンゲン菜はゆで、2〜3cm長さに切る。
3 鍋にだし汁を入れて中火にかけ、煮立ったら1をひと口大に丸めて入れ、4〜5分煮る。2を加え、塩、ごま油で味をととのえる。Bを混ぜ合わせて加え、とろみをつける。

❄ ¼量ずつ保存容器に入れる　⏱ 2分〜2分30秒（途中ようすを見て調節）

めんを入れれば主食にもなる

---

## ぶりのトマトスープ

### 材料（4食分）
ぶり（刺身用） … 4切れ
玉ねぎ … ½個（100g）
A ［水 … 200ml
　　顆粒コンソメ（無添加） … 小さじ½
　　トマトジュース（無塩） … 200ml
　　砂糖 … 小さじ½
　　塩 … 少々］

### 作り方
1 ぶりは1cm幅に切る。玉ねぎは3cm長さの薄切りにする。
2 鍋にA、1を入れて中火にかける。ぶりに火が通ったらトマトジュース、砂糖、塩を入れてさらに4〜5分煮る。

❄ ¼量ずつ保存容器に入れる　⏱ 2分〜2分30秒（途中ようすを見て調節）

刺身が残ったら、スープにしておくと便利

## ワンタンスープ

**材料（4食分）**

鶏ひき肉 … 50g
木綿豆腐 … 50g
玉ねぎ … 1/8個（25g）
塩 … 少々
ワンタンの皮 … 6〜8枚
にんじん … 1/4本（30g）
しいたけ（薄切り） … 2枚分
長ねぎ（細切り） … 10cm分
Ⓐ 水 … 400ml
　鶏がらスープの素 … 小さじ1
塩 … 少々

**作り方**

1 玉ねぎはみじん切りし、油少々（分量外）で炒めて冷ましておく。豆腐はしっかり水きりをする。ともにボウルに入れ、鶏ひき肉、塩を加えてよく混ぜ合わせる。ワンタンの皮に等分にのせて三角に包む。
2 にんじんはせん切りスライサーで極細切りにする。
3 鍋にⒶと野菜を入れて中火にかけ、野菜がやわらかくなったら塩で味をととのえる。

❄ 1は保存袋、3は1/4量ずつ保存容器に　⏱ 3を2分加熱後、1とともに鍋でひと煮

## さっぱりサンラータン

**材料（4食分）**

豚こま切れ肉 … 80g
しいたけ … 2枚
にんじん … 小1/2本（50g）
キャベツ … 1枚（60g）
もやし … 80g
にんにく（みじん切り）… 1/4片分
Ⓐ 水 … 400ml
　鶏がらスープの素 … 小さじ1/2
　酒 … 小さじ1
しょうゆ … 大さじ1/2〜小さじ2
酢 … 小さじ1
ごま油 … 小さじ2
Ⓑ コーンスターチ、水 … 各大さじ1

**作り方**

1 豚肉は2cm幅に切る。しいたけは軸をのぞき3cm長さの薄切りに、にんじんは2cm長さの短冊切りに、キャベツはざく切りにする。
2 鍋にごま油、にんにくを中火で熱し、香りが出たら豚肉、野菜の順に加えて炒める。野菜がしんなりしてきたらⒶを加え、野菜に火を通す。しょうゆ、酢で味をつけ、Ⓑを混ぜ合わせて加え、とろみをつける。

❄ 1/4量ずつ保存容器に入れる　⏱ 2分〜2分30秒（途中ようすを見て調節）

## 野菜のカレー風味スープ

**材料（4食分）**

玉ねぎ … 1/4個（50g）
にんじん … 1/4本（30g）
大根 … 2cm（50g）
キャベツ … 大1枚（80g）
トマト … 1個
ハム … 2枚
Ⓐ 水 … 400ml
　顆粒コンソメ（無添加）… 小さじ1
カレー粉 … 小さじ1/2
塩 … 少々

**作り方**

1 玉ねぎ、にんじん、大根、キャベツはそれぞれ1.5cm角に切る。トマトは皮を湯むきして、ざく切りにする。ハムは細切りにする。
2 鍋にⒶ、1を入れて中火にかける。野菜に火が通ってきたらカレー粉、塩を加えて1〜2分煮る。

❄ 1/4量ずつ保存容器に入れる　⏱ 2分〜2分30秒（途中ようすを見て調節）

Column2

\川口先生に聞く！/
# 幼児食の
# お悩み Q&A

3歳〜5歳の場合

3歳にもなると、だんだんと自己主張も強くなり、食事の好みも出てくるころでしょう。
また、食事のマナーやお箸の練習など、いつ指導したらよいかも気になってきます。
そんなこの時期ならではの悩みに、どう対応したらよいかを教えていただきました。

おなかがすいた〜
いただきま〜す！

## Q1 大人と同じぐらい食べてしまいますが、制限したほうがいいでしょうか？

A 大人と同じくらいというのがどのくらいのボリュームかはわかりませんが、成人男性と同じくらい3食食べるのであれば、それはちょっと食べ過ぎですね。それが毎日続くようなら、体重の増加を少し見てください。かなり増えてしまうと思います。あまり成長期に食事制限は好ましくありませんが、ごはんのほかにも楽しみがあることを伝えていけたらいいですね。

## Q3 食事のマナーは、いつごろからしつけたらいいですか？

A 言葉で言って理解ができるような3歳からが望ましいのではないでしょうか。保育園や幼稚園などで、少しずつ家庭以外の社会もわかってきます。それまでにはしっかり教えておきたいですよね。あまり厳しくすると食事が楽しくなくなってしまうので、楽しいと思える範囲で。

## Q2 濃い味のものに慣れてしまうと、うす味には戻れないのでしょうか？

A そうですね。「戻れない」ということはないかもしれませんが、戻りにくいです。なるべく小さいころはうす味を心がけましょう。濃い味のほうを好む傾向にあるのはよくわかります。わが家もそうでした（笑）。それでも家庭ではうす味にしておけばいいのです。お子さんの行動範囲が広がると、外食なども含め、少しずつ濃い味のものを食べていくことがあります。エスカレートしないように、ごはんのおいしさ、食材本来のおいしさを伝えていけたらいいですね。

## Q4 お箸の練習はいつごろからさせたらいいですか？

A 4歳ごろまでにできるようになっていればいいのではないでしょうか。まだ手が未発達なころに箸を持たせると、間違えて持ってしまい、その後に矯正不可能なことも……。スプーンを鉛筆のように持って握ることができ、上手に食べることができたら、お箸の練習をはじめてみて。

114

# Part 4

# いざというときの
# お助けレシピ

急に外出しなければならなくなったときのおべんとうも、
フリージングおかずがあれば、慌てずにすみます。
また、日ごろは一汁二菜を心がけていても、
主食・主菜・副菜をかねたワンプレートメニューは
いざというときに大助かり。
そんなお助けレシピを紹介します。

お助け
レシピ

# ストックがあれば、すぐに完成！
# おべんとうアイデア

お弁当を作らなくちゃ！　というときも、フリージングのストックおかずがあれば楽チンです。電子レンジで加熱解凍して、冷ましてお弁当箱に詰めるだけ。いそがしい朝に大助かりです。

**Box lunch**

1歳半〜2歳向き

## かじきのカレー照り焼き弁当

### かじきの
### カレー照り焼き
フォークに刺さりやすく、ひと口サイズに切れば食べやすくておすすめ！

**Arrange** 豆腐ハンバーグ（P.28）、チキンナゲット（P.44）、れんこんハンバーグ（P.53）などもフォークに刺さりやすいおかずです。お弁当に入れるときは、ひと口大に切ってから詰めましょう。

### 桜えび入り卵焼き
お弁当といえば卵焼き。卵焼きに桜えびを加えると、カルシウムを補うことができます。

**Arrange** 桜えびの代わりに、しらすやちぎった焼きのりを加えてもカルシウムをプラスできます。

### 根菜と油揚げの混ぜごはん
シャキシャキとした根菜の食感が楽しい。食べやすいように、ひと口サイズににぎってあげましょう。

**Arrange** ひじきの煮物（P.45）、ひじきの豆腐そぼろカレー炒め（P.62）を白飯に混ぜて、おにぎりにしてあげても。

### ゆでブロッコリー
ゆでたブロッコリーはすき間に詰めるのに便利です。

**Arrange** さやいんげんやアスパラガスをやわらかくゆでて、3cmほどの長さに切ったものもおすすめ。

**はじめてのお弁当箱は中子付きがおすすめ**
お弁当箱の容量は、1歳半〜2歳なら250〜300mℓ、3歳〜5歳なら300〜350mℓが目安。おかずとごはんは混ざらないほうが食べやすいので中子付きがおすすめ。200mℓ前後の別容器も用意しておくと何かと便利です。

小さな子どものお弁当は、食べきれるように少なめに！

かじきの
カレー照り焼き
→ 55ページ

桜えび入り
卵焼き
→ 54ページ

根菜と油揚げの
混ぜごはん
→ 66ページ

ゆで
ブロッコリー
→ 31ページ

お助け
レシピ

ひと口サイズのロールサンドは、具がはみ出なくて食べやすい！

ひじきとじゃがいものおやき
→ 63ページ

にんじんのグラッセ
→ 59ページ

ささみカツ
→ 53ページ

食べやすくて、好きなおかずを詰めてあげましょう

れんこんハンバーグ
→ 53ページ

かぼちゃの甘煮
→ 37ページ

ブロッコリーのカレーフリッター
→ 62ページ

ごはん

## 1歳半〜2歳向き
## ささみカツのロールサンド弁当

### ささみカツロールサンド
サンドイッチ用食パン1枚にマヨネーズ小さじ½をぬり、レタス1枚、ささみカツ½食分をのせて端からくるくると巻いてラップで包みます。形が落ち着いたら、ひと口大に切ります。

Arrange チキンナゲット(P.44)、さけのピカタ(P.45)もロールサンドにおすすめ。

### ひじきとじゃがいものおやき
ひと口サイズで食べやすくておすすめ。洋風のおかずにも相性のよいおかずです。

Arrange 蒸しさつまいも(P.46)、キャベツとねぎの落とし焼き(P.63)などもひと口サイズで食べやすいおかずです。

### にんじんのグラッセ
花型で抜いて形を工夫してあげると華やかになり、食欲も応援できます。

Arrange 花形がなければ、オクラのごまあえ(P.58)は切り口が星形なのでおすすめ。

**先がフォーク型のピックが安全でおすすめ**
カラフルでかわいいピックは便利なアイテムですが、のどを刺す恐れがあります。1歳半〜2歳の子どもには、先がとがっていないフォーク型のピックを選んであげましょう。まずは家で、安全に食べられるかどうか試してみて。

## 1歳半〜2歳向き
## れんこんハンバーグ弁当

### れんこんハンバーグ
ハンバーグはお弁当のおかずの定番！ れんこんを入れるともっちりとした食感になり、冷めてもおいしいのでおすすめ。

Arrange さけの青のりひと口フライ(P.55)、まぐろのから揚げ(P.56)などのお魚メニューもいいですね。

### かぼちゃの甘煮
日ごろから食べ慣れている、かぼちゃなどの野菜おかずを入れてあげましょう。

Arrange にんじんのグラッセ(P.59)、かぼちゃといろいろ豆の甘煮(P.60)などでも。

### ブロッコリーのカレーフリッター
ほんのりとしたカレーの風味がアクセントになります。

Arrange キャベツとねぎの落とし焼き(P.63)、なすの照り焼き(P.60)なども味に変化がつきます。

### ごはん　80〜100g
食べやすいように、小さなボール形ににぎってあげましょう。塩昆布（無添加）を混ぜたり、いりごまをのせてあげるとアクセントになります。

おかずは、お箸でもつかみやすい大きさのものを詰めると食べやすい！

- ラタトゥイユ ➡ 103ページ
- 牛肉のうずら巻き ➡ 95ページ
- いんげんとブロッコリーのごまきなこあえ ➡ 101ページ
- にんじんピラフ ➡ 106ページ

お箸が苦手なお子さんには、フォークで食べやすいお弁当に！

- たらカツ チーズ風味 ➡ 97ページ
- あっさりホイコーロー ➡ 96ページ
- かぼちゃのごま甘炒め ➡ 100ページ
- ごはん

## 牛肉のうずら巻き弁当
3歳〜5歳向き

### 牛肉のうずら巻き
うずら卵を薄切り肉で巻いて焼けば、食べごたえのあるおかずに。半分に切って黄身を見せると彩りもよくなります。

**Arrange** 豚薄切り肉で作ってもおいしいです。レンジソーセージ（P.96）、コーンシューマイ（P.97）、さけつみれ（P.98）を代わりに詰めても。

### いんげんとブロッコリーのごまきなこあえ
きなこを加えると味にアクセントがつくだけでなく、栄養的にカルシウムや鉄をプラスできます。

**Arrange** いんげんやブロッコリーの代わりに、にんじんで作っても。ひじきとにんじんのがんも（P.104）もカルシウムや鉄を補えるおかずです。

### ラタトゥイユ
パプリカを使ったおかずは彩りがよいので、ストックしておくと便利です。お弁当に詰めるときは、汁けをよくきってからに。

**Arrange** パプリカのチーズピカタ（P.103）、にんじんと豆のグラッセ（P.88）も彩りのよいおかずです。

### にんじんピラフ
味つきごはんを詰めるなら、おかずの味を邪魔しない薄めの味に。

**Arrange** にんじんが苦手なお子さんでも、気づかないから食べやすいでしょう。さつまいもの炊き込みごはん（P.107）もやさしい味です。

## ホイコーローのっけ弁当
3歳〜5歳向き

### あっさりホイコーロー
汁けのあるおかずをごはんにのせると、味がしみておいしくなります。

**Arrange** 豚肉のマヨ焼き（P.94）、豚肉れんこん煮（P.95）もごはんにのせるとおいしいおかずです。

### たらカツ チーズ風味
パン粉に粉チーズを混ぜると、ケチャップやソースがなくてもOK！

**Arrange** カレー粉や青のりで風味をつけた、たいのカレーピカタ（P.97）、ぶりの磯辺揚げ（P.98）などもおすすめです。

### かぼちゃのごま甘炒め
お弁当箱のすき間に入れやすいおかずは日ごろからストックしておくと便利です。

**Arrange** 枝豆と里いものマッシュサラダ（P.102）、さつまいものはちみつレモン煮（P.102）なども、お弁当箱のすき間をうめるのに便利。

### ごはん　100〜120g

お助けレシピ

野菜のおかずで作る食べごたえのあるお弁当です

ごはん
ミックスビーンズのトマト煮 ➡ 105ページ
枝豆の春巻き ➡ 104ページ
ピーマンと桜えびの塩炒め ➡ 101ページ
キャベツナ煮 ➡ 100ページ

豚肉とチンゲン菜の焼きそば ➡ 108ページ
めん類が上手に食べられるお子さんなら、焼きそばもおすすめ！
ひじきとにんじんのがんも ➡ 104ページ
枝豆チーズの卵焼き ➡ 99ページ
大豆とにんじんのコンソメ煮 ➡ 102ページ

## 野菜たっぷり弁当
3歳〜5歳向き

### 枝豆の春巻き
中身は枝豆とチーズですが、春巻きにすると腹持ちのよいおかずになります。

**Arrange** パプリカのチーズピカタ（P.103）、アスパラのごまフライ（P.104）も食べごたえのあるおかずです。

### ピーマンと桜えびの塩炒め
ごま油で炒めて香りを出し、桜えびを加えてうまみアップ！

**Arrange** ピーマンの代わりに、チンゲン菜を細切りにして作ってもおいしいです。

### キャベツナ煮
にんじんを加えて作ると、彩りがよくなります。にんじんの極細切りが面倒なら、薄いいちょう切りで作っても。

**Arrange** ツナの代わりに、ホタテのほぐし身（缶詰）を使っても。

### ミックスビーンズのトマト煮
トマト煮をごはんやパスタにのせても。お弁当に入れるときは、混ぜてあげるとより食べやすくなります。

**Arrange** きのこのケチャップソテー（P.87）、ラタトゥイユ（P.103）もごはんやパスタに合います。

### ごはん　100〜120g

## 焼きそば弁当
3歳〜5歳向き

### 豚肉とチンゲン菜の焼きそば
焼きそばのときは、手に持って食べられるような2段重ねのお弁当箱にするとよいでしょう。

**Arrange** そうめん焼き（P.108）、みそミルクナポリタン（P.109）も、冷めてもおいしいのでお弁当向きです。

### ひじきとにんじんのがんも
植物性のたんぱく質がとれる豆腐のおかずもバリエーションとして重宝します。

**Arrange** 豆腐や大豆からは植物性のたんぱく質がとれるので、肉や魚のおかずの代わりに入れても。鶏肉と大豆のうま煮（P.95）もおすすめです。

### 大豆とにんじんのコンソメ煮
豆類からは、植物性のたんぱく質やカルシウムなどのミネラルがとれます。日ごろから上手にとるとよいでしょう。

**Arrange** ほうれん草と大豆の煮びたし（P.80）、にんじんと豆のグラッセ（P.88）、ミックスビーンズのトマト煮（P.105）などの豆おかずも覚えておくと、献立の幅が広がります。

### 枝豆チーズの卵焼き
卵に枝豆を加えると、彩りのよい卵焼きになります。チーズも加えるとコクが出て、子どもが喜ぶ味に。

**Arrange** 枝豆の代わりに、ゆでブロッコリーを刻んで加えても。ブロッコリーの花蕾は、卵で包むと食べやすくなります。

119

## いそがしいときのレスキュー

お助け
レシピ

# ワンプレートメニュー

カレーやミートソースなど、ごはんやパスタにかけたりのせたりするだけで完成するメニューを紹介します。いつも以上にいそがしい週の夕ごはんや、お昼ごはんにどうぞ。

## One plate meal

❄…フリージング方法　⏱…電子レンジの加熱解凍時間

※1歳半〜5歳まで、どの時期にも食べられるレシピです。うす味でやわらかめに仕上げているので、成長に合わせてかたさや量を調節してください。

## かぼちゃとなすのカレー

### 材料（4食分）
豚バラ薄切り肉 … 120g
なす … 1本（100g）
かぼちゃ … ½個（120g）
玉ねぎ … ½個（100g）
しょうが（みじん切り）… 小さじ¼
小麦粉 … 大さじ1

**Ⓐ**
> 水 … 400㎖
> 顆粒コンソメ（無添加）… 小さじ1
> カレー粉 … 小さじ⅔
> 中濃ソース、トマトケチャップ … 各大さじ½
> はちみつ … 大さじ½
> りんご（すりおろし）… 大さじ2

牛乳 … 50㎖
塩 … 少々
油 … 小さじ2

### 作り方
**1** なすは小さめの乱切りにし、水に5分ほどつけてアクをとり、水けをきる。かぼちゃは小さめのひと口大に、玉ねぎは1㎝角に切る。豚肉は細切りにする。

**2** フライパンに油、しょうがを入れて中火にかけ、香りが出てきたら玉ねぎ、なすを加えて炒める。しんなりしてきたら豚肉を加えて炒め、小麦粉をふり入れ全体にからめる。

**3** かぼちゃ、**Ⓐ**を加えてしばらく煮る。かぼちゃがやわらかくなったら牛乳を加えて1〜2分煮る。塩で味をととのえる。

**4** （すぐ食べる場合）白飯80〜120g（分量外）に**3**の¼量をかける。

❄ ¼量ずつ保存容器に入れる　⏱ 2分〜2分30秒（途中ようすを見て調節）

かぼちゃの甘みで
やさしい味に

120

お助けレシピ
肉も野菜も一皿でとれる

## ハヤシライス

**材料（4食分）**

牛薄切り肉 … 140g
玉ねぎ … ¼個（50g）
しめじ … 50g
グリーンアスパラガス … 2本
小麦粉 … 大さじ1½
A［トマトの水煮（缶詰）… 200g
　水 … 200㎖
　顆粒コンソメ（無添加）… 小さじ½
　砂糖 … 小さじ2］
塩 … 適量
バター … 8g

**作り方**

1 牛肉は2～3cm幅に切り、塩少々をふる。アスパラガスは下から半分はピーラーで皮をむき、熱湯でゆでて2～3cm長さに切る。玉ねぎは1cm角に切る。しめじは石づきをのぞき、長さを半分に切る。
2 フライパンに半量のバターを中火で熱し、牛肉を炒めて取り出す。
3 フライパンに残りのバターを中火で熱し、玉ねぎ、しめじを炒める。玉ねぎがしんなりしたら2を戻し、小麦粉を加えてなじませる。A（トマトの水煮はよくつぶす）、アスパラガスを加えて7～8分煮る。塩少々で味をととのえる。
4 （すぐに食べる場合）白飯80～120g（分量外）に3の¼量をかける。

❄ ¼量ずつ保存容器に入れる　⏱ 2分～2分30秒（途中ようすを見て調節）

・・・・・・・・・・・・・・・・・・・・・・・・・・・・・・・・

## マイルドチリビーンズ

ごはんにかけても、パンにのせてもおいしい

**材料（4食分）**

牛ひき肉 … 90g
玉ねぎ … ¼個（50g）
にんじん … 小½本（50g）
ピーマン … 1個
ミックスビーンズ（ドライパック）… 100g
A［トマトジュース（無塩）… 100㎖
　トマトケチャップ … 大さじ2
　砂糖 … 小さじ1
　水 … 50㎖］
塩 … 小さじ⅓
オリーブ油 … 小さじ2

**作り方**

1 玉ねぎ、にんじん、ピーマンはそれぞれ7～8㎜角に切る。
2 フライパンにオリーブ油を中火で熱し、牛ひき肉を炒める。肉の色が変わったら1、ミックスビーンズを加えて炒め、Aを加えてふたをし、弱火にして野菜がやわらかくなるまで煮る（野菜がやわらかくなる前に水分がなくなったら、少しずつ水を加える）。塩で味をととのえる。
3 （すぐ食べる場合）白飯80～120g（分量外）に2の¼量をのせる。

❄ ¼量ずつ保存容器に入れる　⏱ 2分～2分30秒

# コーンと小松菜入り牛丼

**材料（4食分）**
牛薄切り肉 … 120g
小松菜 … 2〜3株（50g）
玉ねぎ … ½個（100g）
ホールコーン … 大さじ2
A [ だし汁 … 100ml
　　しょうゆ、砂糖、みりん … 各小さじ2 ]

**作り方**
1 牛肉は2〜3cm幅に切る。玉ねぎは3cm長さの薄切りにする。
2 小松菜はゆでて水にとり、水けをしぼって2cm長さに切る。
3 鍋にA、1を入れて中火にかける。玉ねぎがしんなりしてきたらコーン、2を加え、汁けが少し残るぐらいまで煮る。
4 （すぐ食べる場合）白飯80〜120g（分量外）に3の¼量をのせる。

❄ ¼量ずつ保存容器に入れる　⏱ 2分〜2分30秒

野菜多めで作っておくと便利

カツにするとお魚も食べやすい！

# ぶりカツ丼

**材料（4食分）**
ぶり … 1½切れ
塩 … 少々
A [ 小麦粉、パン粉 … 各適量
　　卵 … ½個 ]
玉ねぎ … ¼個（50g）
キャベツ … 1枚（60g）
B [ だし汁 … 100ml
　　しょうゆ、砂糖、みりん … 各大さじ½ ]
卵 … 2個
油 … 適量

**作り方**
1 ぶりに塩をふり5分おき、出てきた水けをふき取り、1.5cm幅に切る。Aの小麦粉、溶き卵、パン粉を順にまぶしつける。
2 玉ねぎは薄切りにする。キャベツはざく切りにする。
3 揚げ油を中温に熱し、1を入れてきつね色になるまで揚げる。
4 フライパンにB、2を入れて中火にかける。野菜がしんなりしたら3を入れ、卵を溶きほぐして流し入れ、固まったら火を止める。
5 （すぐ食べる場合）白飯80〜120g（分量外）に4の¼量をのせる。

❄ ¼量ずつ保存容器に入れる　⏱ 2分〜2分30秒

お助けレシピ

豆腐入りだとやわらかい食感になる

好きな野菜を加えればOK

## 豆腐とチキンのミートソース

**材料（4食分）**
鶏ひき肉 … 100g
木綿豆腐 … 100g
玉ねぎ … ¼個（50g）
さやいんげん … 3本
しょうが（すりおろし）… 少々
A　トマトの水煮（缶詰）… 200g
　　砂糖 … 小さじ1
　　水 … 50ml
塩 … 小さじ⅓
オリーブ油 … 小さじ2

**作り方**
1 玉ねぎはみじん切りにする。さやいんげんは1cm幅に切る。
2 フライパンにしょうが、豆腐を入れて中火にかけ、豆腐がぽろぽろになるまで炒めて取り出す。
3 フライパンにオリーブ油を中火で熱し、1を炒める。玉ねぎがしんなりしてきたら鶏ひき肉を加えて炒め、肉の色が変わったら2、A（トマトの水煮はよくつぶす）を加えて汁けがほとんどなくなるまで煮詰める。塩で味をととのえる。
4 （すぐに食べる場合）スパゲッティ（乾）30〜70g（分量外）をゆで、ざるに上げて水けをきる。器に盛り、3の¼量をかける。

❄ ¼量ずつ保存容器に入れる　⏱ 2分〜2分30秒（途中ようすを見て調節）

## ベジツナそぼろ

**材料（2〜3食分）**
ツナ（水煮缶）… 1缶（70g）
にんじん … 小½本（50g）
枝豆（ゆでたもの）… 20粒
A［砂糖、しょうゆ … 各小さじ½

**作り方**
1 にんじんは7〜8mm角に切り、ゆでてざるに上げ、水けをきる。
2 フライパンに缶汁をきったツナを入れ中火にかけ、ぱらぱらになるまで炒める。1、薄皮をのぞいた枝豆、Aを加えて炒め合わせる。
3 （すぐ食べる場合）白飯80〜120g（分量外）に2の⅓〜½量をのせる。

❄ ⅓〜½量ずつ保存容器に入れる　⏱ 2分〜2分30秒

# フリージング幼児食
# 食材＆時期別
# メニューさくいん

料理名は、**主菜**、**副菜**、**主食**、**汁物** で色分けしています。

＊印がついているものは、冷凍ストック用ではないメニューです。
★印のものは、主食と主菜、副菜をかねた一皿料理です。

ページの数字は各時期別に色分けしています。
1歳半〜2歳向き　3歳〜5歳向き　いずれの時期もOK

---

**えび**
えびのカレーピラフ…65
えびと里いものチャウダー…68
えびマヨ…99
スティックえびトースト…109
えびだんごスープ…112

**さけ**
さけといんげんのシチュー…29
さけのピカタ…45
さけの青のりひと口フライ…55
さけの炊き込みごはん…64
さけつみれ…98

**さんま**
さんまのかば焼き…55

**たい**
たいのカレーピカタ…97

**たら**
たらのじゃがチーズ…56
たらのフリッター…88
たらカツ チーズ風味…97

**ぶり**
ぶりのハンバーグ…56
ぶりの照り焼き…78
ぶりの磯辺揚げ…98
ぶりのトマトスープ…112
ぶりカツ丼★…122

**まぐろ**
まぐろのから揚げ…56

**めかじき**
かじきのカレー照り焼き…55
かじきのオレンジ照り焼き…99

### 魚介加工品
**桜えび**
桜えびのおにぎり＊…40
桜えび入り卵焼き…54
キャベツとねぎの落とし焼き…63

---

**豆腐とチキンの**
　ミートソース★…123

**豚ひき肉**
豆腐ハンバーグ…28
なすのそぼろ煮…37
レンジシューマイ…54
切り干し大根のそぼろ炒め…54
レンジソーセージ…96
コーンシューマイ…97

**合いびき肉**
れんこんハンバーグ…53
ほうれん草とひじきの
　ハンバーグ…53
ミルクミートマカロニ…67

**牛ひき肉**
マイルドチリビーンズ★…121

### 肉加工品
**ウインナーソーセージ**
マカロニチーズ焼き…109

**ハム**
白菜とハムの豆乳みそ汁…69
みそミルクナポリタン…109
野菜のカレー風味スープ…113

**ベーコン**
キャベツとベーコンのスープ…38
ほうれん草のクリームスープ…70
玉ねぎのカレースープ…71
ナポリタン風切り干し大根…105
炊き込みきのこカレーごはん…106
ほうれん草のポタージュ…110
ポークビーンズスープ…112

### 魚介
**あじ**
あじのマヨ天ぷら…57
あじのプチ南蛮…98

---

## たんぱく質源食品

### 肉
**鶏ささみ**
にんじん入り蒸し鶏…36
ささみカツ…53
鶏ささみのカレー焼き…94
チキン春雨スープ…111

**鶏もも肉**
マーマレードチキン…52
いり鶏…79
鶏肉と大豆のうま煮…95
みたらしごまチキン…96

**鶏むね肉**
チキントマトピラフ…64

**豚肉**
豚肉とピーマンのみそ炒め…52
焼きうどん…66
アスパラ豚肉巻きソテー…80
豚肉ときのこの照り焼き…86
豚肉のマヨ焼き…94
豚肉れんこん煮…95
あっさりホイコーロー…96
豚肉とチンゲン菜の焼きそば…108
そうめん焼き…108
カレー豚汁…111
さっぱりサンラータン…113
かぼちゃとなすのカレー★…120

**牛肉**
牛肉と白菜のすき煮…29
牛肉のうずら巻き…95
ハヤシライス★…121
コーンと小松菜入り牛丼★…122

### ひき肉
**鶏ひき肉**
チキンナゲット…44
そぼろうどん…66
ワンタンスープ…113

---

## エネルギー源食品

### 米
チキントマトピラフ…64
さけの炊き込みごはん…64
えびのカレーピラフ…65
炊き込みきのこカレーごはん…106
にんじんピラフ…106
さつまいもの炊き込みごはん…107

### 白飯
桜えびのおにぎり＊…40
納豆ごはん＊…41
梅ごはん＊…43
根菜と油揚げの混ぜごはん…66
納豆ごはん＊…90
梅ごはん＊…91
じゃこと小松菜のチャーハン…108

### うどん
焼きうどん…66
そぼろうどん…66

### そうめん
そうめん焼き…108

### パン（食パン）
フレンチトースト…67
スティックえびトースト…109

### スパゲッティ
豆乳ツナパスタ…67
みそミルクナポリタン…109

### マカロニ
ミルクミートマカロニ…67
マカロニチーズ焼き…109

### 中華蒸しめん
豚肉とチンゲン菜の焼きそば…108

### シューマイ、春巻き、ワンタンの皮
レンジシューマイ…54
枝豆の春巻き…104
ワンタンスープ…113

いろんな色の野菜をとるのがおすすめ！

**かぼちゃ**
かぼちゃの甘煮…37
かぼちゃといろいろ豆の甘煮…60
かぼちゃのごま甘炒め…100
かぼちゃのスープ…110
かぼちゃとなすのカレー★…120

**絹さや**
絹さやのチーズあえ＊…39

**キャベツ**
キャベツとベーコンのスープ…38
キャベツの塩昆布あえ…58
キャベツと大豆のコンソメ煮…61
キャベツとねぎの落とし焼き…63
焼きうどん…66
たっぷり野菜のトマトスープ…70
レンチンキャベツののりあえ＊…91
あっさりホイコーロー…96
キャベツナ煮…100
チキン春雨スープ…111
さっぱりサンラータン…113
野菜のカレー風味スープ…113
ぶりカツ丼★…122

**きゅうり**
トマトときゅうりのサラダ＊…33
きゅうりスティック
　＆トマト＊…35
きゅうりの甘酢あえ＊…81
きゅうりののりあえ＊…83

**グリーンアスパラガス**
ゆでアスパラのおかかあえ＊…43
野菜のクリームスープ…68
たっぷり野菜のトマトスープ…70
アスパラ豚肉巻きソテー…80
アスパラのクリーム煮…101
アスパラのごまフライ…104
ハヤシライス★…121

**ごぼう**
けんちん汁…69
いり鶏…79

**小松菜**
小松菜と里いものポタージュ…71
じゃこと小松菜のチャーハン…108
コーンと小松菜入り牛丼★…122

アスパラのクリーム煮…101
枝豆と里いもの
　マッシュサラダ…102
ブロッコリーのミニグラタン…103
みそミルクナポリタン…109
かぼちゃのスープ…110
ほうれん草のポタージュ…110
かぼちゃとなすのカレー★…120

**ヨーグルト**
ブロッコリーの
　みそヨーグルトがけ＊…41

**ピザ用チーズ**
枝豆チーズの卵焼き…99
ブロッコリーのミニグラタン…103
枝豆の春巻き…104
なすのトマトチーズ焼き…105
マカロニチーズ焼き…109

**粉チーズ**
絹さやのチーズあえ＊…39
ささみカツ…53
たらのじゃがチーズ…56
豆乳ツナパスタ…67
たらカツ　チーズ風味…97
パプリカのチーズピカタ…103

## ビタミン・ミネラル源食品

**野菜**

**枝豆**
えびのカレーピラフ…65
枝豆チーズの卵焼き…99
枝豆と里いもの
　マッシュサラダ…102
枝豆の春巻き…104
ベジツナそぼろ★…123

**えのきだけ**
さけの炊き込みごはん…64

**オクラ**
オクラのごまあえ…58
オクラとねぎのみそ汁…80

**かぶ**
かぶとにんじんのカレー炒め…79

ポークビーンズスープ…112

**ミックスビーンズ
（ドライパック）**
かぼちゃといろいろ豆の甘煮…60
にんじんと豆のグラッセ…88
ミックスビーンズのトマト煮…105
マイルドチリビーンズ★…121

**豆乳**
豆乳ツナパスタ…67
白菜とハムの豆乳みそ汁…69
里いもの豆乳みそポタージュ…111

**きな粉**
いんげんとブロッコリーの
　きなこあえ…101

**卵**
さけのピカタ…45
桜えび入り卵焼き…54
そぼろうどん…66
フレンチトースト…67
たいのカレーピカタ…97
枝豆チーズの卵焼き…99
パプリカのチーズピカタ…103
じゃこと小松菜のチャーハン…108
そうめん焼き…108
ぶりカツ丼★…122

**うずらの卵（水煮）**
牛肉のうずら巻き…95

**乳製品**

**牛乳**
さけといんげんのシチュー…29
コーンクリームスープ…46
ミルクミートマカロニ…67
フレンチトースト…67
野菜のクリームスープ…68
えびと里いものチャウダー…68
さつまいものポタージュ…70
ほうれん草のクリームスープ…70
小松菜と里いものポタージュ…71
にんじんのポタージュ…71
しらすのチャウダー…87
たらのフリッター…88

大根もち…63
ピーマンと桜えびの塩炒め…101

**さばの水煮（缶詰）**
さばのそぼろ…57

**しらす干し、ちりめんじゃこ**
しらすのチャウダー…87
じゃこ大豆…57
じゃこと小松菜のチャーハン…108

**ツナ（水煮缶）**
ひじきといんげんの
　ツナサラダ…60
ツナわかめ…62
豆乳ツナパスタ…67
キャベツナ煮…100
ベジツナそぼろ★…123

**大豆製品**

**豆腐**
豆腐ハンバーグ…28
チキンナゲット…44
しいたけと
　ほうれん草の白あえ…61
ひじきの
　豆腐そぼろカレー炒め…62
ひじきとにんじんのがんも…104
ワンタンスープ…113
豆腐とチキンの
　ミートソース★…123

**納豆**
納豆ごはん＊…41
納豆ごはん＊…90

**油揚げ**
ほうれん草と油揚げのみそ汁…38
ひじきの煮物…45
根菜と油揚げの混ぜごはん…66
けんちん汁…69

**大豆の水煮（缶詰）**
じゃこ大豆…57
キャベツと大豆のコンソメ煮…61
ほうれん草と大豆の煮びたし…80
鶏肉と大豆のうま煮…95
大豆とにんじんのコンソメ煮…102

125

野菜や果物からビタミンを！

### にんじん
豆腐ハンバーグ…28
にんじんのごまあえ…30
にんじん入り蒸し鶏…36
ひじきの煮物…45
切り干し大根のそぼろ炒め…54
さばのそぼろ…57
にんじんのグラッセ…59
根菜と油揚げの混ぜごはん…66
焼きうどん…66
ミルクミートマカロニ…67
野菜のクリームスープ…68
けんちん汁…69
たっぷり野菜のトマトスープ…70
にんじんのポタージュ…71
いり鶏…79
かぶとにんじんのカレー炒め…79
にんじんと豆のグラッセ…88
豚肉れんこん煮…95
キャベツナ煮…100
大豆とにんじんのコンソメ煮…102
ひじきとにんじんのがんも…104
にんじんピラフ…106
さつまいもの炊き込みごはん…107
カレー豚汁…111
チキン春雨スープ…111
ポークビーンズスープ…112
ワンタンスープ…113
さっぱりサンラータン…113
野菜のカレー風味スープ…113
マイルドチリビーンズ★…121
ベジツナそぼろ★…121

### にんにく
さっぱりサンラータン…113
豆腐とチキンの
　ミートソース★…121

### 白菜
牛肉と白菜のすき煮…29
白菜とハムの豆乳みそ汁…69

### パプリカ
なすとパプリカのみそ炒め…59
ラタトゥイユ…103
パプリカのチーズピカタ…103
みそミルクナポリタン…109

みそミルクナポリタン…109
マカロニチーズ焼き…109
かぼちゃのスープ…110
ほうれん草のポタージュ…110
カレー豚汁…111
里いもの豆乳みそポタージュ…111
ポークビーンズスープ…112
ぶりのトマトスープ…112
ワンタンスープ…113
野菜のカレー風味スープ…113
かぼちゃとなすのカレー★…120
ハヤシライス★…121
マイルドチリビーンズ★…121
コーンと小松菜入り牛丼★…122
ぶりカツ丼★…122
豆腐とチキンの
　ミートソース★…123

### チンゲン菜
豚肉とチンゲン菜の焼きそば…108
えびだんごスープ…112

### トマト
トマトときゅうりのサラダ*…33
きゅうりスティック＆
　トマト*…35
ラタトゥイユ…103
ポークビーンズスープ…112
野菜のカレー風味スープ…113

### 長ねぎ
レンジシューマイ…54
ぶりのハンバーグ…56
キャベツとねぎの落とし焼き…63
オクラとねぎのみそ汁…80
鶏肉と大豆のうま煮…95
コーンシューマイ…97
さけつみれ…98
えびだんごスープ…112
ワンタンスープ…113

### なす
なすのそぼろ煮…37
なすとパプリカのみそ炒め…59
なすの照り焼き…60
なすと玉ねぎの昆布みそ汁…88
ラタトゥイユ…103
なすとトマトのチーズ焼き…105
かぼちゃとなすのカレー★…120

### じゃがいも
たらのじゃがチーズ…56
ひじきとじゃがいものおやき…63

### しょうが
さんまのかば焼き…55
まぐろのから揚げ…56
さばのそぼろ…57
鶏肉と大豆のうま煮…95
あっさりホイコーロー…96
コーンシューマイ…97
あじのプチ南蛮…98
ひじきとにんじんのがんも…104
かぼちゃとなすのカレー★…120
豆腐とチキンの
　ミートソース★…123

### 大根
大根とわかめのみそ汁…30
わかめと大根のナムル…61
大根もち…63
けんちん汁…69
野菜のカレー風味スープ…113

### 玉ねぎ
さけといんげんのシチュー…29
なすのそぼろ煮…37
キャベツとベーコンのスープ…38
コーンクリームスープ…46
チキントマトピラフ…64
えびのカレーピラフ…65
焼きうどん…66
ミルクミートマカロニ…67
豆乳ツナパスタ…67
えびと里いものチャウダー…68
野菜のクリームスープ…68
たっぷり野菜のトマトスープ…70
さつまいものポタージュ…70
ほうれん草のクリームスープ…70
にんじんのポタージュ…71
玉ねぎのカレースープ…71
かぶとにんじんのカレー炒め…79
きのこのケチャップソテー…87
しらすのチャウダー…87
なすと玉ねぎの昆布みそ汁…88
豚肉のマヨ焼き…94
あっさりホイコーロー…96
ラタトゥイユ…103
ミックスビーンズのトマト煮…105

### さつまいも
蒸しさつまいも…46
ほうれん草とおいものみそ汁…69
さつまいものポタージュ…70
さつまいもの
　はちみつレモン煮…102
さつまいもの炊き込みごはん…107
ポークビーンズスープ…112

### 里いも
えびと里いものチャウダー…68
けんちん汁…69
小松菜と里いものポタージュ…71
枝豆と里いもの
　マッシュサラダ…102
里いもの豆乳みそポタージュ…111

### さやいんげん
さけといんげんのシチュー…29
なすのそぼろ煮…37
ひじきといんげんの
　ツナサラダ…60
チキントマトピラフ…64
そぼろうどん…66
豚肉ときのこの照り焼き…86
いんげんとブロッコリーの
　きなこあえ…101
カレー豚汁…111
豆腐とチキンの
　ミートソース★…123

### しいたけ
しいたけと
　ほうれん草の白あえ…61
きのこのケチャップソテー…87
鶏肉と大豆のうま煮…95
炊き込みきのこカレーごはん…106
チキン春雨スープ…111
さっぱりサンラータン…113
ワンタンスープ…113

### しめじ
豆乳ツナパスタ…67
豚肉ときのこの照り焼き…86
きのこのケチャップソテー…87
炊き込みきのこカレーごはん…106
ほうれん草のポタージュ…110
ハヤシライス★…121

126

フリージング幼児食　食材&時期別メニューさくいん

れんこんのカレーきんぴら…59
ブロッコリーの
　カレーフリッター…62
ひじきの
　豆腐そぼろカレー炒め…62
えびのカレーピラフ…65
玉ねぎのカレースープ…71
かぶとにんじんのカレー炒め…79
鶏ささみのカレー焼き…94
たいのカレーピカタ…97
炊き込みきのこカレーごはん…106
カレー豚汁…111
野菜のカレー風味スープ…113
かぼちゃとなすのカレー★…120

**鶏ガラスープの素**
ワンタンスープ…113
さっぱりサンラータン…113

ほうれん草とひじきの
　ハンバーグ…53
ひじきといんげんの
　ツナサラダ…60
ひじきの
　豆腐そぼろカレー炒め…62
ひじきとじゃがいものおやき…63
ひじきとにんじんのがんも…104

**わかめ**
大根とわかめのみそ汁…30
わかめと大根のナムル…61
ツナわかめ…62
わかめサラダ＊…90

**塩昆布**
キャベツの塩昆布あえ…58
なすと玉ねぎの昆布みそ汁…88

### そのほか

**オレンジマーマレード**
マーマレードチキン…52
かじきのオレンジ照り焼き…99

**顆粒コンソメ**
キャベツとベーコンのスープ…38
キャベツと大豆のコンソメ煮…61
ひじきの
　豆腐そぼろカレー炒め…62
チキントマトピラフ…64
野菜のクリームスープ…68
たっぷり野菜のトマトスープ…70
さつまいものポタージュ…70
小松菜と里いものポタージュ…71
にんじんのポタージュ…71
かぶとにんじんのカレー炒め…79
大豆とにんじんのコンソメ煮…102
炊き込みきのこカレーごはん…106
にんじんピラフ…106
チキン春雨スープ…111
ぶりのトマトスープ…112
野菜のカレー風味スープ…113
かぼちゃとなすのカレー★…120
ハヤシライス★…121

**カレー粉**
かじきのカレー照り焼き…99

**しらたき**
牛肉と白菜のすき煮…29

**春雨**
チキン春雨スープ…111

**トマトジュース（無塩）**
ぶりのトマトスープ…112
マイルドチリビーンズ★…121

**トマトの水煮（缶詰）**
ミルクミートマカロニ…67
たっぷり野菜のトマトスープ…70
ミックスビーンズのトマト煮…105
なすのトマトチーズ焼き…105
ハヤシライス★…121
豆腐とチキンの
　ミートソース★…123

**クリームコーン（缶詰）**
コーンクリームスープ…46

**ホールコーン（缶詰）**
レンジシューマイ…54
コーンシューマイ…97
アスパラのクリーム煮…101
豚肉とチンゲン菜の焼きそば…108
コーンと小松菜入り牛丼★…122

**干ししいたけ**
いり鶏…79

**ミックスベジタブル**
炊き込みきのこカレーごはん…106

### 海藻

**青のり**
さけの青のりひと口フライ…55
ぶりの磯辺揚げ…98
そうめん焼き…108

**焼きのり**
きゅうりの甘酢あえ＊…81
きゅうりののりあえ…83
レンチンキャベツののりあえ＊…91

**芽ひじき**
ひじきの煮物…46

**ピーマン**
豚肉とピーマンのみそ炒め…52
ピーマンと桜えびの塩炒め…101
ナポリタン風切り干し大根…105
マイルドチリビーンズ★…121

**ブロッコリー**
ブロッコリーの
　みそヨーグルトがけ＊…41
ブロッコリーの
　カレーフリッター…62
野菜のクリームスープ…68
ブロッコリーのごまあえ＊…82
しらすのチャウダー…87
いんげんとブロッコリーの
　きなこあえ…101
ブロッコリーのミニグラタン…103
スティックえびトースト…109

**ほうれん草**
ほうれん草と油揚げのみそ汁…38
ほうれん草とひじきの
　ハンバーグ…53
しいたけと
　ほうれん草の白あえ…61
ほうれん草とおいものみそ汁…69
ほうれん草のクリームスープ…70
ほうれん草と大豆の煮びたし…80
ほうれん草のポタージュ…110

**もやし**
さっぱりサンラータン…113

**れんこん**
れんこんハンバーグ…53
れんこんのカレーきんぴら…59
根菜と油揚げの混ぜごはん…66
いり鶏…79
豚肉れんこん煮…95

### 加工品・缶詰

**梅干し**
梅ごはん＊…43
梅ごはん＊…91

**切り干し大根**
切り干し大根のそぼろ炒め…54
ナポリタン風切り干し大根…105

127

## STAFF

撮影　原ヒデトシ（料理）、臼田洋一郎（人物）
スタイリング　河野亜紀（料理）
アートディレクション　ohmae-d
デザイン　ohmae-d
料理制作アシスタント　小山沙理
モデル　荻島梨緒（セントラル株式会社）、三梨透巧、三梨雄巧
編集協力　石田純子

### 撮影協力
AWABEES
UTUWA

**監修・栄養指導**
## 川口由美子（かわぐち　ゆみこ）

管理栄養士。女子栄養大学生涯学習講師。一般社団法人母子栄養協会代表理事。離乳食アドバイザー。幼児食アドバイザー。二児の母。女子栄養大学在学中に、小児栄養学研究室にて小児の体格と離乳食の変遷を研究。卒業後、育児関連会社でベビーフードの開発に携わった後、2000年独立。ウェブ、雑誌でレシピやコラムを執筆のほか、テレビや書籍の栄養監修を行う。著書・監修書に『アレルギーっ子の簡単毎日レシピ100』（青春出版社）、『子どもの身長ぐんぐんメソッド』（主婦の友社）など。

**料理制作**
## ほりえさちこ

料理研究家。一児の母。和洋女子大学の食物栄養学専攻（現在の健康栄養学）を卒業後、フードコーディネーター養成スクールに通った後、同校の講師を経て独立。書籍や雑誌、テレビで活躍中。自らの育児経験を生かしたレシピやお弁当のレシピにとくに定評がある。著書に『はじめての離乳食とこどもごはん』（主婦と生活社）、『サラ弁』（主婦と生活社）など多数。

## 1週間分作りおき！
## フリージング幼児食 1歳半〜5歳

2020年8月29日　発行

監修　　川口由美子
料理制作　ほりえさちこ
発行者　鈴木伸也
発行所　株式会社大泉書店
　　　〒101-0048　東京都千代田区神田司町2-9
　　　セントラル千代田 4F
　　　電話　03-5577-4290（代）
　　　FAX　03-5577-4296
　　　振替　00140-7-1742
　　　URL　http://www.oizumishoten.co.jp
印刷・製本　大日本印刷株式会社

© 2016 Oizumishoten printed in Japan

落丁・乱丁本は小社にてお取り替えいたします。
本書の内容についてのご質問は、ハガキまたはFAXでお願いします。

本書を無断で複写（コピー・スキャン・デジタル化等）することは、著作権法上認められている場合を除き、禁じられています。
小社は、著者から複写に係わる権利の管理につき委託を受けていますので、複写される場合は、必ず小社宛にご連絡ください。

ISBN978-4-278-03655-8　C0077　　　　A66